Top 10

#29|59|83
DUMBO Waterfront

#20|41
Korea Town

#30|37|50|71|90
Central Park

#51|68|82|89
New York Public Library, Bryant Park

#31|48|49|62|76
Chinatown

#74|80
Roosevelt Island Tramway

#87
Chrysler Building

#24|47
Staten Island Ferry

#23
Grand Central

#1|2|6|14|27|38|44|46|53|56|85
Harlem

Intro

Es war für viele Jahre ein Traum von mir, einmal in New York als Illustrator zu leben – in der sagenumwobenen Stadt, die ich aus dem Kino, aus Liedern, Comics und Cartoons kannte und die mich schon immer faszinierte. Und doch hatte ich keine Ahnung, was mich erwarten würde, als ich mich quasi über Nacht dazu entschloss, für drei Monate nach New York zu entfliehen. Das Klischee der anonymen und rauen Grossstadt bestätigte sich in keiner Weise. Überhaupt lernte ich schnell, dass New York keine grosse Stadt, sondern eine kleine Welt ist.

So ist es problemlos möglich, täglich eine kleine Weltreise zu machen, neue Kulturen, Lebensentwürfe und Menschen zu erleben. Die Vielfalt ist einzigartig, für alle hat es irgendwie Platz. Alles ist in stetiger Bewegung. Das scheint die Menschen zu verbinden. Anders als in der Schweiz habe ich in New York das Gefühl, Teil von etwas Grösserem zu sein, Teil einer Stadt, einer Vision, eines Lebensgefühls: New York City.

Die Idee, in New York jeden Tag eine Postkarte zu zeichnen, entstand aus einer Not heraus. Es war von Anfang an klar, dass ich etwas für meine Ausstellung am Berner Galerienwochenende zustande bringen musste. Wie aber sollte ich es anstellen, dass meine Arbeiten rechtzeitig und heil dort ankamen? Postkarten waren die logische Antwort. Das tägliche Zeichnen entpuppte sich als ein ideales Werkzeug, um das Leben in der Stadt zu erfahren. Es zwang mich, meinen Alltag mit offenen Augen zu bestreiten, aktiv und neugierig zu bleiben. Durch das Zeichnen öffneten sich mir Türen: Obwohl ich mich als introvertiert bezeichnen würde, fiel es mir in New York leicht, mit fremden Leuten ins Gespräch zu kommen.

So entstanden 90 Postkarten, die auf sehr persönliche Art und Weise meine Erlebnisse in New York dokumentieren. Alle Postkarten sind nun versammelt in diesem besonderen Reiseführer, der dich sozusagen in meinen Fussstapfen durch New York begleitet und viele Entdeckungen möglich macht: über die chronologische Lektüre oder die gezielte Suche via City Map auf der Umschlagklappe, die Querverweise bei jeder Postkarte oder die bunten Register zu verschiedenen Themen – von Sightseeing über Streetfood bis City Slang.

Simon Kiener

It was a long-cherished dream of mine to live as an illustrator in New York—in the legendary city that I knew from movies, songs, comics, and cartoons, and that had always fascinated me. And yet I had no idea what to expect when I decided virtually overnight to move to New York for three months. The cliché of the anonymous and rough big city was in no way confirmed. I quickly learned that New York is not a big city, but a small world.

It's easy to take a little trip around the world every day and experience new cultures, lifestyles, and people. The diversity is unique, there is room for everyone. Everything is in constant motion. That seems to connect people. Unlike in Switzerland, in New York I have the feeling of being part of something bigger, a city, a vision, a way of life: New York City.

The idea of drawing a postcard every day in New York was born out of necessity. It was clear from the start that I had to create something for a gallery show in Bern. But how was I going to make sure that my work got there on time and in one piece? Postcards were the obvious answer. Daily drawing turned out to be an ideal tool for experiencing life in the city. It forced me to face my everyday life with open eyes, to stay active and curious. Drawing opened doors for me: although I would describe myself as introverted, I found it easy to strike up conversations with strangers in New York.

The result is 90 postcards that document my experiences in New York in a very personal way. All the postcards are collected in this special city guide, which accompanies you through New York in my footsteps and makes many discoveries possible: through chronological reading or by searching the city map on the cover flap, through the cross-references above each postcard or the colorful indexes on various topics—from sightseeing to street food to city slang.

Simon Kiener

Index Pages

New York in Numbers

WTF!
1 hot dog for

$10

→ #8

5 seconds

until cars get green light
after pedestrian signal
starts flashing

→ #12

125th Street

(my love)

→ #6 | #59

$1500

rent for 1 room is quite
normal in NYC

→ #46

541,3 m

high is the One World Center,
the highest building in New York

→ #16

20 °C

is the perceived temperature
difference in New York's street
canyons, depending on whether
you walk in sun or shade

→ #25

75 m

is the highest height of
the Roosevelt Island Ferry

→ #80

131 steps

high are the Bronx stairs known
from the Joker movie

→ #69

4 miles

is the Midnight Run on
New Year's Eve
in Central Park

→ #37

#1

Endlich angekommen! Musste mich auf dem Endspurt in der Subway richtig durchkämpfen um nicht einzuschlafen. Es gibt hier so viele spannende und ausdrucksstarcke Persönlichkeiten! Man merkt aber auch schnell: Das Leben ist hier richtig hart. So gehe ich mit gemischten Gefühlen durch die Strassen von Harlem. Vorbei an dunklen, lauten Gestalten und nachtaktiven Raben. Die Türe bringe ich nur mit Mühe auf. Meine Gastgeberin Florence zeigt mir kurz das Nötigste und dann falle ich erschöpft in das weiche Bett in dem kleinen Zimmer, das nun für ca. 6 Wochen mein Zuhause ist.

25. Nov. 2019

2

Harlem → #6 | Grand Central → #43 |
Chrysler Building → #87 |
Rockefeller Center → #10 | Fire escape → #19

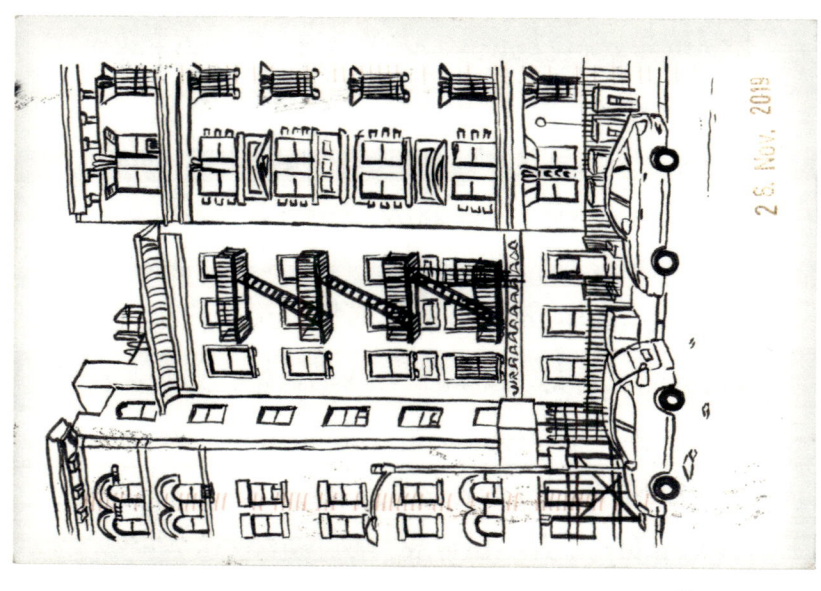

26. Nov. 2019

Was für eine verrückte Stadt! Ich bin heute viel zu Fuss gegangen. Von Harlem durch den Central Park bis ungefähr zur 42nd st Ich habe das Rockefeller Building gesehen, das Chrysler Building, den Grand Central, das MoMA. Komisches Gefühl, wenn man in seinen eigenen Zeichnungen herumgeht. Es gibt so viel zu erleben und ich habe Angst zu zeichnen. Denn man weiss gar nicht wo anfangen. Alles hat seinen Reiz! Alleine die Geräuschkulisse! Die Menschen hier scheinen alle eine kräftige charakteristische Stimme zu haben. Wahrscheinlich ist das hier überlebensnotwendig.

← noch im Bau

Enjoy your day!*

*Achtung: Nicht "Schönen Tag!" oder "Geniesse den Tag!". Nein. Geniesse deinen Tag! Der Tag ist ein Geschenk, was du daraus machst, liegt ganz bei dir. So habe ich das noch nie gesehen...

"What a crazy city! I walked a lot today."

What a crazy city! I walked a lot today. From Harlem through Central Park to about 42nd St. I saw the Rockefeller Building, the Chrysler Building, Grand Central, MoMA. It's a weird feeling to walk around in your own drawings. There's so much to experience, and I'm afraid to draw. Because I wouldn't know where to start. Everything has its own appeal! The background noise alone! The people here all seem to have a strong, characteristic voice. It's probably necessary to survive here.

– Still under construction
– Enjoy your day! *

* Attention:
  Not "Have a nice day!" or "Enjoy the day!" No. "Enjoy YOUR day!" The day is a gift. It is up to you what to do with it. I've never thought of it that way before...

#3

Auch heute wieder viel unterwegs. Ein Spezial-
geschäft, das fast ausschliesslich Bleistifte verkauft, hat mich nach China Town geführt. Eine wilde,
etwas heruntergekommene Gegend. Danach habe ich eine
Art suppy kette gefunden. Ein Paradies! Die haben dort
Sachen, die man in der Schweiz nur online findet.
Dann ging ich spontan über die Williamsburg Bridge. Es
war sehr windig und kalt. Zu Fuss hat man 30min. Und
danach ist man in einer anderen Welt. Unter den Hochgleisen
der Subway setzte ich mich in ein Fast Food Schuppen.?
Burger für 7$ waren vielversprechend. Es wurde dann etwas
teur. Die Cola hier ist eine Kalorienbombe! Zwei junge Teenies
zu sich vor mich hin, schlangen dieses fettige Zeug in sich
ein und summten vergnügt die songs nach, die von einer
anderen Welt erzählen. Das Licht flackerte, der Abfalleimer
überquoll. Ein älterer Mann rubelte pausenlos an einem Glücks-
los, verliess das Lokal und kam Minuten später mit einem
neuen Los wieder an die Wärme. Obdachlose zählten ihr ge-
sammeltes Geld und teilten es auf. Alles klebt und ist dreckig,
selbst die Hose des Managers. Dieser zeigt einem Handwerker
gerade, was alles neu gemacht werden muss. Die Polstergruppe,
auf der ich sitze, ist mit Gaffatape zusgeklebt. Die Sonne scheint
nie durch diesen Ort, könnte mir vorstellen. Noch dunkelsandind,
Manhattan bin ich in Brooklyn. Auch das ist New York.

13

#4

Mein erstes Thanksgiving. Das traditionelle Fest
ist noch grösser und wichtiger als Weihnachten.
Der Grund ist einfach: Es schliesst keine Religionen
aus. Man feiert im Kreis der Familie. Ich durfte
mit meiner Gastfamilie sein. Es war lustig und
spannend zugleich.

Am Vormittag ging ich durch Eastharlem. Heute
war es sehr windig. Und auch etwas kalt.
Im Marcus Garvey Park üben sich 3 junge Afroamerikaner
im Boxen. Weiter vorne ist Baseball angesagt.

Mittelkreis eines
Basketballfeldes

Kurz danach stehen viele !
Eine Kirche spendet Essen. !
« Happy Thanksgiving, bro: »

Find a friend →#26 | Fashion → #64 |
Halal food → #61

Heute war Black Friday. Shopping war also, angesagt. Bei einem angesagtem Sportartikelhersteller an der 5th Avenue kaufte ich mir tatsächlich eine Jacke zur Hälfte des regulären Preises. Danach ging und fuhr ich ziellos durch Manhattan. Hungrig war ich auch. Da stand ich plötzlich vor einem Imbissstand vor einer Bankfiliale an einer Strasse, die mir irgendwie vertraut vorkam. Vorgestern habe ich da Falafel gegessen. Der Verkäufer war sehr freundlich und so dachte ich, gehn wir einfach wieder hin. Zu meiner Überraschung erkannte auch er mich wieder. Er erinnerte sich sogar noch an meine letzte Bestellung. Sieht so aus, als hätte ich heute meinen ersten New Yorker Freund gefunden.

17

Heute habe ich zuerst in der Harry Belafonte
dann in der 125th Street Public Library gearbeitet.
Der Weg durch die 125th Street war sehr aufregend.
Das Leben findet hier auf der Strasse statt, alle
scheinen sich zu kennen. Ich wäre gerne Teil davon.

Später ging ich durch Lower Manhattan und besuchte
für 5$ spontan eine 3 Minuten Live Performance.
Die junge Australierin erzählte mir, dass sie den Raum
zwischennutzen und sie das Projekt unterstützt, da sie
gerne mit ihren Freunden zusammen arbeitet. Es gab
ein kurzes Konzert, eine Powerpointpräsentation und eine
kurze Tanzeinlage.

Geschäftssinn hatten sie jedenfalls. Draussen
standen nur junge Frauen zum Werben. Hat funktioniert!

"Life is happening on the street here, everyone seems to know each other. I would love to be part of that."

Today I first worked at the Harry Belafonte and then at the 125th Street Public Library. Walking down 125th Street was very exciting. Life is happening on the street here, everyone seems to know each other. I would love to be part of that.

Later I walked through Lower Manhattan and spontaneously attended a 3-minute live performance for $5.

The young Australian woman told me that they were able to use the room temporarily and that she supported the project because she liked working with her friends. There was a short concert, a PowerPoint presentation, and a short dance performance.

They certainly had a sense for business. Outside, they had only young women advertising the show. It worked!

Heute hat das Wetter umgeschlagen. Beissender
Wind. Als ich aus dem Bunna Café in Brooklyn
kam, fiel ich beim ersten Schritt fast hin.
Schneeregen. Die warmen Tage sind nun wohl
vorbei. Echte New Yorker wissen aber damit
umzugehen.

Liebe Grüsse aus Brooklyn,
SIMON KIENER

00112-0001

#8

New York Public Library → #23 | Rip-off → #19 | Swearing → #14

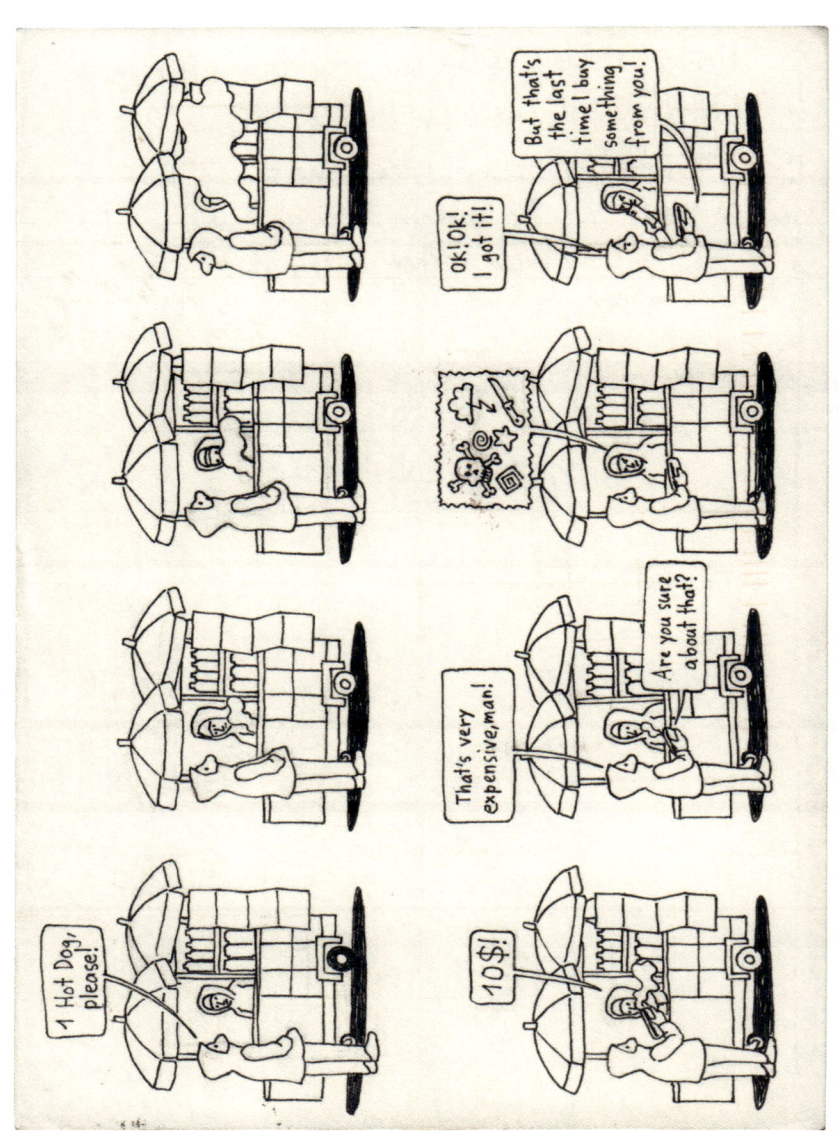

Heute habe ich viel gearbeitet. Dazwischen wollte ich etwas erleben. So stapfte ich durch die verregneten Strassen von Manhattan und dachte mir, dass es langsam Zeit ist, einen dieser berühmten New Yorker Hot Dogs auszuprobieren. Es war der teuerste Hot Dog, den ich je gegessen habe. Mehr gibt es darüber nicht zu sagen.

Halt doch: Das Internet hat mir erklärt, dass man vor der Bestellung nach dem Preis fragen soll. Der reguläre Preis ist um die 2,50$. Naja! Dafür habe ich jetzt eine nette Geschichte...

Liebe Grüsse aus der Public Library am Bryant Park!

SIMON KIENER

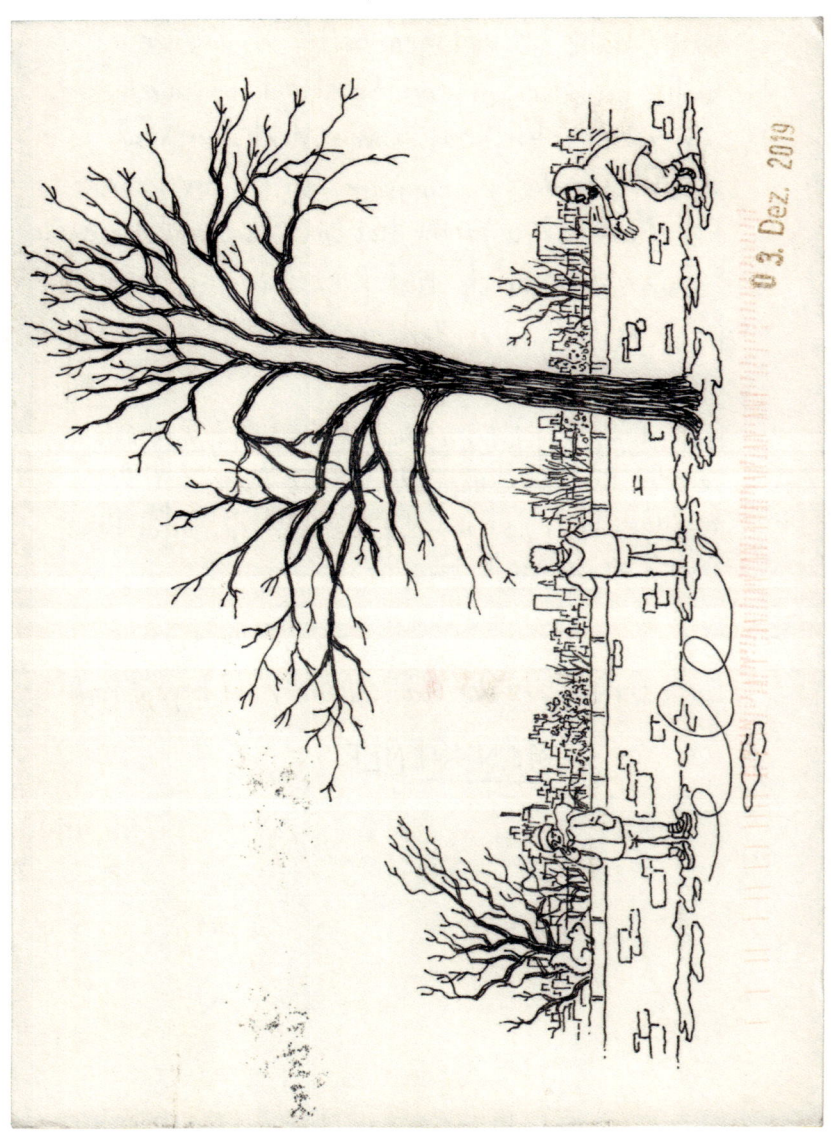

Heute musste ich lange telefonieren für die Besprechung
eines grossen Auftrags, den ich noch erledigen muss.
Danach erkundigte ich wieder einmal meine nähere
Umgebung. Im nahe gelegenen Marcus Garvey Park
findet man eine tolle Aussicht über die relativ tiefen
Gebäude im Norden von Harlem. Es ist eine gute Gelegen-
heit, sich kurz aus dem Trudel der Grossstadt zu be-
freien, zu atmen, zu rauchen, zu bewegen, zu sein.
Der Himmel war heute wieder wolkenlos, jedoch der
Wind ist wirklich eiskalt.

00112-0001

#10

NEW YORK NY 100 05 DEC 2019 PM 10 L

Ruedi Meier
Galerie Muster-Meier
Bürglenstrasse 35
3006 Bern
SWITZERLAND

Gestern war im am traditionellen Rockefeller Center
Christmas tree lighting. Den Baum habe ich wirklich SO DOODLED
Wochen schon gesehen. Gestern wurden die und richtig SO DOODLED
Lämpchen dann um 21:50 offiziell eingeschaltet. Davor
gab es ein 2 stündiges Unterhaltungsprogramm. Bon Jovi,
John Legend, Lea Michele und andere Stars gaben sich die
Ehre - Das Fest hat in New York seit 1931 grosse Tradition.
Entsprechend gross war das Interesse. Und um ehrlich zu
sein: Ich habe nichts von alledem gesehen. Erst kurz nach
22:00 erreichte ich die 6th Av auf der Höhe 48th St. Die Polizei
hat alles grosszügig abgesperrt zwischen der 5th und 6th von
der 48th bis rauf zur 59 th St. Tausende von Menschen strömten
mir entgegen. Ich drängte mich an den Leuten vorbei, versuchte
ins Zentrum zu stossen und wurde von der Polizei immer wieder
zurückgewiesen. Also gab ich es auf und versuchte um den Block herum
wieder näher zur U-Bahn Station zu kommen. Und da sah ich
den Baum immer hin nach von weitem. Die Leute fotografierten
wie wild mit ihren Smartphones. Die Polizei ermahnte immer wieder
dass man nicht stehen bleiben soll. Der Baum an sich war un-
spektakulär.

Später in der U-Bahn erklären mit deutsche Touristen, dass dieser
Anblick, den ich hatte für unzählige Gäste das grösste der Gefühl so.
Ich wollte alles richtig gemacht bereitet mich
sie haben es nicht geschafft. So viel spektakel für so etwas simples.
At home kann man den Baum bis am 17. Januar 2020 ganz entspannt anschauen. Ich werde das jedenfalls machen! :)

#11

Gestern abend ging ich in Brooklyn (genauer: in Bushwick) an eine Veranstaltung, die mir in Bern jemand empfohlen hat. 7 Zeichner präsentierten am Beamer ihre Arbeiten. Fast wie bei einer Kinovorstellung, nur eben für Comics und Karikaturen. Danach hatte ich keine Lust zum "Socializen" und schnapple draussen nach Luft. Vis-à-vis befand sich einer dieser unzähligen Deli Läden, eine Art Spätverkauf, wahlweise auch mit Grill wie in diesem Fall. Der Besuch lohnte sich (siehe Bild) und als ich den Laden mit einem Plastiksack voll Essen und Trinken (und $7 weniger in den Taschen) verliess, fühlte ich mich tatsächlich wie der King of Brooklyn!

vorher   nachher

Danach war es schon spät und ich wollte nach Hause. Als ich mit der Subway über die Williamsburgbridge fuhr sah ich dass die Sicht sehr klar ist, also machte ich einen Umweg über den Brooklyn Bridge Park und ging dann schon zum zweiten Mal zu Fuss über die BrklynBridge.

*Frank Sinatra:
New York, New York...

Washington Heights → #22 | Broadway → #75 |
Latino community → #52

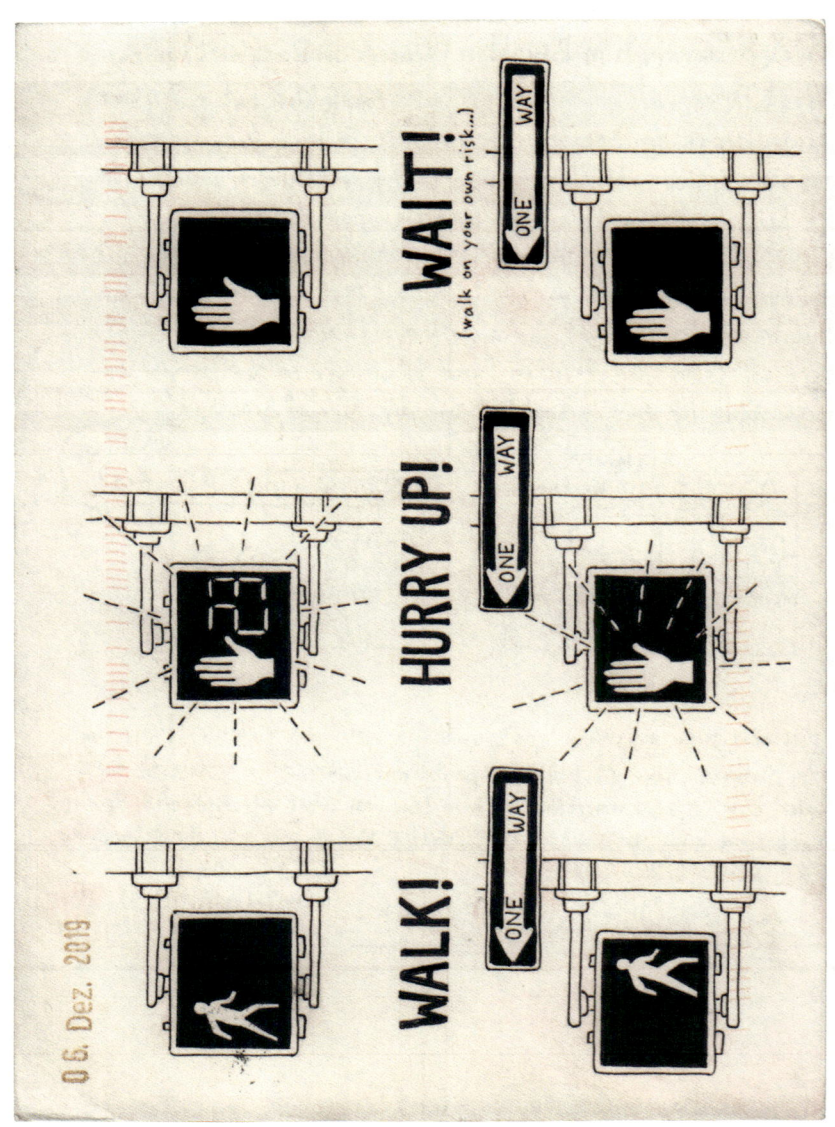

Heute bin ich entlang des Broadways in den Washington Heights geschlendert (155th - 190th). Ein lebendiges Latino Quartier, die meisten Geschäfte sind spanisch angeschrieben und die Frau vor mir an der Poststelle verlangte wie selbstverständlich auf spanisch nach Briefmarken. Dabei habe ich endlich den relevanten Unterschied der beiden unterschiedlichen Ampeltypen für Fussgänger geschnallt. Typ A ist für grosse Strassen. Grosse Strassen bedeutet, das der Verkehr beidseitig verläuft. Hier blinkt die rote Hand und ein Countdown zeigt an, wie lange man noch Zeit hat. Dies würde unserem Orange entsprechen, allerdings hat man in New York vielmehr Zeit.

Bei kleinen Strassen handelt es sich um Einbahnstrassen. Idealerweise zeigt ein Schild genau über der Ampel, von wo die Autos kommen. Gibt es kein Schild, kann man sich an den parkierten Autos orientieren - die schauen alle in Fahrtrichtung. Bei kleinen Strassen gibt es keinen Countdown. Die rote Hand blinkt, sobald es langsam dann zu spät ist.

Echte New Yorker scheinen sich von einer leuchtenden (also nicht blinkenden) Hand allerdings kaum abschrecken. Es vergehen mind. 5 Sek, bis die Autos dann Grün haben. Die Autofahrer sind sehr rücksichtsvoll und der Verkehr ist im allgemeinen nicht so viel (ausser man ist mitten in Manhattan).

Das weisse Männchen ist übrigens wirklich weiss. Grüne Lichtsignale gibt es in NYC nur für Autofahrer.

#13

Es werde ein harter Run, hat Beni mich noch gewarnt. Wie hat es
mich, war ihm wahrscheinlich noch nicht bewusst. Mit dem Zug ging's
den Hudson River entlang raus aus der Stadt. In Cold Spring war das
Wetter kalt und es lag Schnee. Wir rannten gute 3h über Shortland
Stein durch den Wald, durch knöcheltiefen Schnee, über 3 Berge (Naja,
Hügel waren es jedenfalls wirklich nicht mehr). Was für ein Erlebnis!
Und wiederum ein ganz anderes Amerika. Ein verschlafenes Nest, eine
Pancakeschuppe, wo der Kaffee von allein serviert wird. Die heisse Schokolade
zur Hilfe aus Schnee und Marshmallows besteht und die Serviererin wortwörtlich
in ihrem 40.Dienstjahr in eben diesem Kaffee wohl immer voller Begeisterung
Pancakes serviert: "Whooooo! Look at these" he.

* Rückblickend muss
ich sagen: Die Pancakes
wären nach dem Rennen
sicher verträglicher gewesen.

mach'n 'these"
geht nochmal
hab'n

verleiht Abt. Planzen beim
Vorwärmen weitere Xylophon

fried chicken   ribs

PS: Danach gab's
in Harlem Soulfood
bei Sylvia's. Pullen pork
ribs und den besten
Cornbread für 'n Hunger.
Ein guter Tag!

→ Visitenkarte

Bob's Mountain Grocery in Beacon → Zeit für ein Snickers-Eis!

SYLVIA'S

Ruedi Meier
Galerie Muster-Meier
Bürglenstrasse 35
3006 Bern
SWITZERLAND

#14

Music → #35 | Stimulation overload → #58 |
Street noise → #58 | Swearing → #31

Nach dem gestrigen 3h Lauf durch Schnee und Eis waren Beni und ich etwas angeschlagen. Ruhe stand auf dem Programm, wie es sich für einen Sonntag gehört. Ausserdem haben wir beide viel zu tun.

Das schöne an unserem Quartier ist, dass man gar nie selbst Musik abspielen muss. Die Geräuschkulisse hat eigentlich immer was zu bieten, selbst wenn die Fenster geschlossen sind. Musik, Sirenen, Motorengeräusche und vor allem kräftige Stimmen. dröhnen sanft durch die einfache Verglasung.

Die harte Ausdrucksweise, die hier teilweise herrscht, darf man nicht zu ernst nehmen. Zumindest habe ich bisher noch keine wirklichen Aggressionen feststellen können ~~~~~~

Ich mag diese Kraftausdrücke sehr und ich gebe mir Mühe, sie mir schnellstmöglich anzueignen.

> Sir! This is a library! Please mute all your devices!

> So you want me to call the police?*

> I don't bother nobody! I just watch a movie! And all those freaks are working on their laptops having a job! Gay ass mothafuckers!

Ausdrücke wie diese neulich in einer Library

*so weit ist es (leider) nicht gekommen!

Über Nacht hat das Wetter wieder gewechselt. Es ist nun eigentlich angenehm warm bei ca. 10°C. Das Problem: Es regnet in Strömen. Und es hört auch nicht auf. In New York scheint das Wetter ganz allgemein kompromisslos zu sein. Und wer das am meisten zu spüren bekommt sind die Obdachlosen.

Als ich am morgen in der Subway zur Arbeit fuhr, ist mir jemand aufgefallen, der in der U-Bahn selbst offenbar Schutz vor Kälte und vor allem Nässe sucht. Typischerweise verdeckt er sich und sein gesamtes Hab und Gut unter einer Decke. Wahrscheinlich um sich vor neugierigen Blicken wie den meinen zu schützen.

Er (oder sie?) bekommt so etwas gespensterhaftes. New Yorker beachten ihn nicht und doch ist er da. Ein unscheinbares, gesichtsloses Gespenst. Gestrandet in der Grossstadt. Und vergessen geraten. Ich frage mich, was ihn genau von mir unterscheidet. Kleinigkeiten wahrscheinlich. Vielleicht selbst verschuldet. Vielleicht aber auch einfach Pech. Gut möglich.

Das Leben in New York ist vielseitig und man kann hier die unglaublichsten Dinge erreichen. Das Leben hier kann aber auch richtig hart zuschlagen.

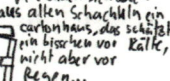

viele bauen sich auch aus alten Schachteln ein Cartonhaus, das schützt ein bisschen vor Kälte, nicht aber vor Regen...

The weather has changed again overnight. It is now pleasantly warm at around 10°C. The problem: It's raining cats and dogs. And it doesn't stop. In general, the weather in New York seems to be uncompromising. The homeless are affected by this the most.

As I was riding the subway to work this morning, I noticed someone who seemed to look for shelter in the subway from the cold and especially the rain. As is typical, he covered himself and all his belongings with a blanket. Probably to protect himself from prying eyes like mine.

It gives him (or her?) a ghostly quality. New Yorkers don't notice him, and yet he's there. An inconspicuous, faceless ghost. Stranded in the big city. And forgotten. I wonder what exactly makes him different from me. Little things, probably. Maybe self-inflicted. Or maybe just bad luck. Possibly.

Life in New York is diverse, and you can do the most incredible things here. But life here can also be very hard.

– Many people also build cardboard houses out of old boxes, which provide some protection from the cold, but not from the rain...

"Stranded in the big city. And forgotten."

#16

Gestern hat es immer noch geregnet. Zeit also, um zu arbeiten. In den Washington Heights Library kenne ich mittlerweile den einen oder anderen Stammgast. Es gibt einen älteren Mann, der vormittags farbenfrohe Bilder zeichnet. Mandalas, wie ich glaube. Vielleicht werde ich ihn mal ansprechen.

Ich konnte mir also endlich Zeit nehmen, eine Beobachtung zu zeichnen, die ich bei meiner ersten Überquerung der Brooklynbridge machte.
Nämlich der Grund, weshalb man von Wolken-kratzern spricht. Ist es nämlich bewölkt, kann man gut beobachten, wie das One World Trade Center (aktuell mit 541,3m das höchste Gebäude New Yorks), einfach in den Wolken verschwindet. Wenn es regnet, hat man fast das Gefühl, dass die Spitze des Turmes die Wolken kitzeln und diese deshalb Regen fallen lassen. Übrigens habe ich für diese Karte extra ein Deck-weiss in einer dieser unzähligen Art Supplies Stores gekauft. Da gibt es Farben und Werkzeuge, die ich in der Schweiz nur schwer oder gar nicht bekomme. Ein Paradies! Mir kamen fast die Tränen, wirklich! PS: Als es schon dunkel war, bin ich zum ersten Mal mit Beni in den Central Park zum Joggen. Es war hart aber unvergesslich vor dieser leuchtenden Kulisse!

Yesterday, it was still raining. Time to get some work done. I now know one or two of the regulars at the Washington Heights Library. There's an older man who spends his mornings drawing colorful pictures. Mandalas, I think. Maybe I'll talk to him sometime.

I finally have time to draw an observation I made the first time I crossed Brooklyn Bridge, the reason why people call the tall buildings skyscrapers. When it's cloudy, you can see how the One World Trade Center (currently the tallest building in New York at 541.3 m) simply disappears into the clouds. When it rains, you almost get the feeling that the top of the tower is tickling the clouds to make them rain. By the way, I bought an opaque white color for this card at one of the countless art supply stores. They have colors and tools that I find difficult or impossible to get in Switzerland. A paradise! I nearly cried, really!

PS: When it was already dark, I went jogging with Beni in Central Park for the first time. It was hard, but unforgettable thanks to the glowing scenery!

Sightseeing

Amazing views

- **Battery Park** → #32
  View of the Statue of Liberty
  Battery Park, New York, NY 10004

- **Docks** → #29
  Skyline of Lower Manhattan
  Brooklyn Bridge Park, 334 Furman St, Brooklyn, NY 11201

- **DUMBO Waterfront** → #83
  View of Brooklyn Bridge in front of Manhattan and the missing Twin Towers
  65 Plymouth St, Brooklyn, NY 11201

- **End of the train 2 in the Bronx** → #55
  View over the rooftops of New York's outer neighborhoods
  Wakefield-241 St, Bronx, NY 10470

- **Ferry Wallstreet to Rockaway** → #77
  Skyline of Brooklyn
  Wall St, NY Ferry, New York City, NY 10005

- **Marcus Garvey Park** → #9
  View of the relatively low houses of Northern Harlem in a quiet location
  6316, Mt Morris Park W, New York, NY 10027

- **Platform in Highbridge Park** → #77
  Sunrise with skyline
  Highbridge Park, W 190th St & Amsterdam Ave, New York, NY 10040

- **Roosevelt Island Tramway** → #80
  Insight into apartments of the high-rise buildings
  Roosevelt Island Tramway, 254 E 60th St, New York, NY 10022

- **Staten Island Ferry** → #47
  View of the Statue of Liberty and the Manhattan skyline
  4 Whitehall St, New York, NY 10004

The Bronx → #27 | #55 | #69

- Joker Stairs → #69
- Little Italy → #28
- Universal Hip Hop Museum → #27 | #28
- Yankee Stadion → #69

Brooklyn → #3 | #7 | #11 | #18 | #36 | #48 | #59

- Brooklyn Bridge → #11 | #48 | #83
- Bushwick → #11 | #52
- Docks → #29
- Green Wood Cemetery → #48
- Williamsburg → #36

#17

Street canyons → #25 | Connect with people
→ #32 | Dogs → #56

43

Heute hatte ich Lust, mal wieder was Neues zu entdecken. Ich stieg also in die U-Bahn und fuhr nach Upper East Side, östlich vom Central Park. Ich ging zwar ehrlich gesagt am ersten Tag schon ein bisschen dort rum, habe es allerdings gar nicht so gesehen wie heute. Die Lexington Avenue ist hier leicht hügelig, die Gebäude relativ konstant hoch und man kann, wenn man die Strasse überquert, tolle Einblicke in die Häuserschlucht einfangen. Etwas, was mir noch immer nicht langweilig geworden ist. Im Gegenteil! Ich habe festgestellt, dass selbst bekannte Orte immer wieder neu faszinieren. Das Wetter, die Tageszeit, die Menschen verändern diese Welt immer und immer wieder.

Dann plötzlich ist mir aufgefallen, dass es sehr viele Hundehalter gibt. Es wimmelt in dieser Gegend offenbar von Hunden! Es gibt hier auch Hundesitter, die gleich mit mehreren Hunden Grassi gehen. Ohne Gebell, ohne Theater. Die Hunde haben sich hier offenbar wie die Menschen aneinander gewöhnt. Alles ist entspannt. Warum es hier so viele Hundehalter gibt, habe ich nicht rausbekommen. Ich gehe aber davon aus, dass hier gut betuchte Leute wohnen. In Harlem jedenfalls habe ich noch keine Hunde gesehen. Ausser natürlich Deval von unserer Gastfamilie. Aber der zählt nicht.

Jeez! You got some big feet!

meine neuen Timberlands

Hehehe!

jetzt ein Kompliment war oder eine Beleidigung und lachte deshalb wie ein Idiot...

"The dogs have obviously gotten used to each other here, just like the people."

Today I felt like discovering something new. So, I took the subway to the Upper East Side, east of Central Park. To be honest, I'd already walked around there for a bit on my first day, but I didn't see the place like I did today. Lexington Avenue is slightly hilly there, the buildings are relatively uniformly high, and you get a great view of the canyon between the buildings when you cross the street. A view that has not gotten boring yet. On the contrary! I have found that even familiar places never cease to fascinate. The weather, the time of day, the people change this world again and again.

I suddenly noticed that there are a lot of dog owners. The area seems to be teeming with dogs! There are also dog sitters walking several dogs at once. No barking, no fuss. The dogs have obviously gotten used to each other here, just like the people. Everything is relaxed. I didn't find out why there are so many dog owners there. But I assume that there are wealthy people living there. In any case, I haven't seen any dogs in Harlem. Except, of course, Duvall from our host family. But he doesn't count.

– "Jeez! You got some big feet!"
– (My new Timberlands)
– "Hehehe!"
– I didn't know if that was a compliment or an insult, so I laughed like an idiot...

#18

Brooklyn → #36 | Harlem → #26 |
Subway → #32 | Metrocard → #80 |
Getting lost → #20

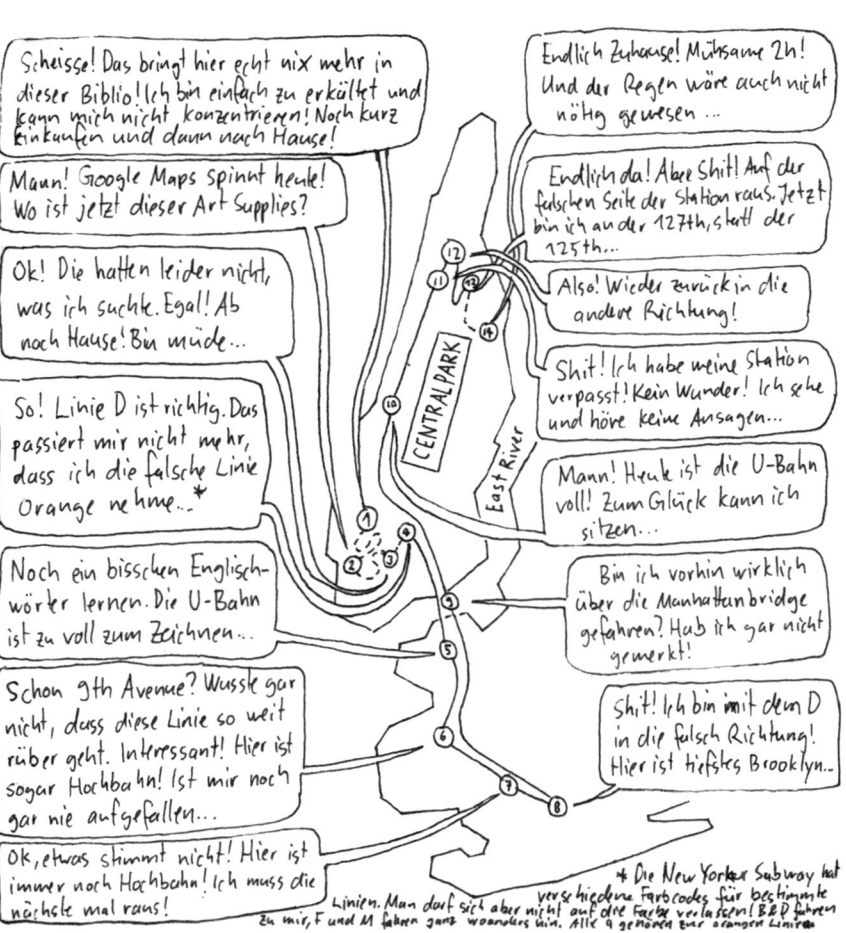

#19

Gestern habe ich mit einem schweizer Künstler, der in New York
ein Auslandstipendium macht, in der Upper West Side abgemacht!
Wir quatschten etwa 5h zuerst in Barney Greengrass, ein traditions-
reiches, jüdisches Lokal, das seit 100 Jahren dieselbe Theke hat und für diverse
Filme und Serien schon Kulisse war (Leonardo diCaprio, Tom Hanks...) und
danach in seiner Wohnung im 5. Stock, wo ich mir die Aussicht anschauen
konnte. Später Joggen durch Centralpark mit Brui, wieder Regen. Danach
Popupvernissage von Florence in einem Brillengeschäft, wobei wir relativ
schnell dann Richtung China Town zum wohlverdienten vietnamesischen Essen
gingen. Der Tag war sehr unproduktiv, aber eigentlich ganz gut!

fresh
orange
juice

tea

salmon
bagel

Yes, we accept
credit cards!
But only on
weekdays!

On weekends it's
too busy in here!
Then it's cash only.
We like it wild
and dirty!

→ $30! Wenn New Yorker mal
einen Legendenstatus haben, werden
sie unverschämt! Sie verlangen
schnell mal den doppelten regulären
Preis...

amerikanischer
Filterkaffee

für das Kundenerlebnis
gibts dafür authentische
Bedienung!

Keuch!
Keuch!

Keep running guys!
You got it!

Freund von Florence,
frisch von der Uni,
machte auf uns
an der Ver-
nissage einen
bleibenden Eindruck.
Ein Mr. Perfect!

I'll give you
my card! I'd
like to learn
more about your
research at
Colombia!

SUBWAY

Wenn es in NYC regnet, dann regnet es!

×siehe Vorder-
seite

49

#20

Zuerst muss ich etwas gestehen: Ich hätte hier eigentlich alles aufzeichnen wollen, was wir in dieser guten Stunde in dieser koreanischen Markthalle alles erlebt und gegessen haben. Die Inspektionen der verschiedenen Stände, die Fried Dumplings, Benis Grillplatte, meine Pork cubes Bowl mit all den frischen Zutaten, unsere Whatsapp Konversation mit Schöggu, der gerade in London an einem WG-Fest war, die koreanische Pop-musik mit dazugehörendem Videoclips, die dämlich verkleideten Touristen (Nikolauskostüme, extrem hässliche Weihnachtspullover), die teilweise schon betrunken waren, unsere gierigen Blicke auf jeden Teller der anderen Gäste, schliesslich nachzufragen, wo es diese fried chicken wings gibt, herauszufinden, dass es noch einen zweiten bzw dritten Stock gibt, spontan noch eine grosse Portion von erwähnten Chicken Wings zu bestellen mit der originalen spicey Sosse, kurz darauf zu entscheiden, dass wir noch eine BBQ-Sosse dazu brauchen, auf das sehr zweifelhafte WC gehen um sich die fettigen Finger zu waschen, je eine Dose Cola aus dem Automaten lassen, noch kurz mit dem Gedanken spielen am Ausgang der Foodgallery 32 an der 32nd zwischen 5th und 6th av (Korea Town) ein so funtastisch aussehendes Süssgebäck zu probieren und dann zu entscheiden nein, es ist gut so wies ist und schliesslich völlig geflasht von der koreanische Küche in die frische, verzaubernd leuchtende Nacht hinaus zu stampfen.

Leider muss ich aber langsam aufpassen, dass ich nicht mehr ganz so viel Zeit in diese Postkarten investiere. Ich habe noch einen grossen Auftrag der auch noch viel Zeit in Anspruch nehmen will.

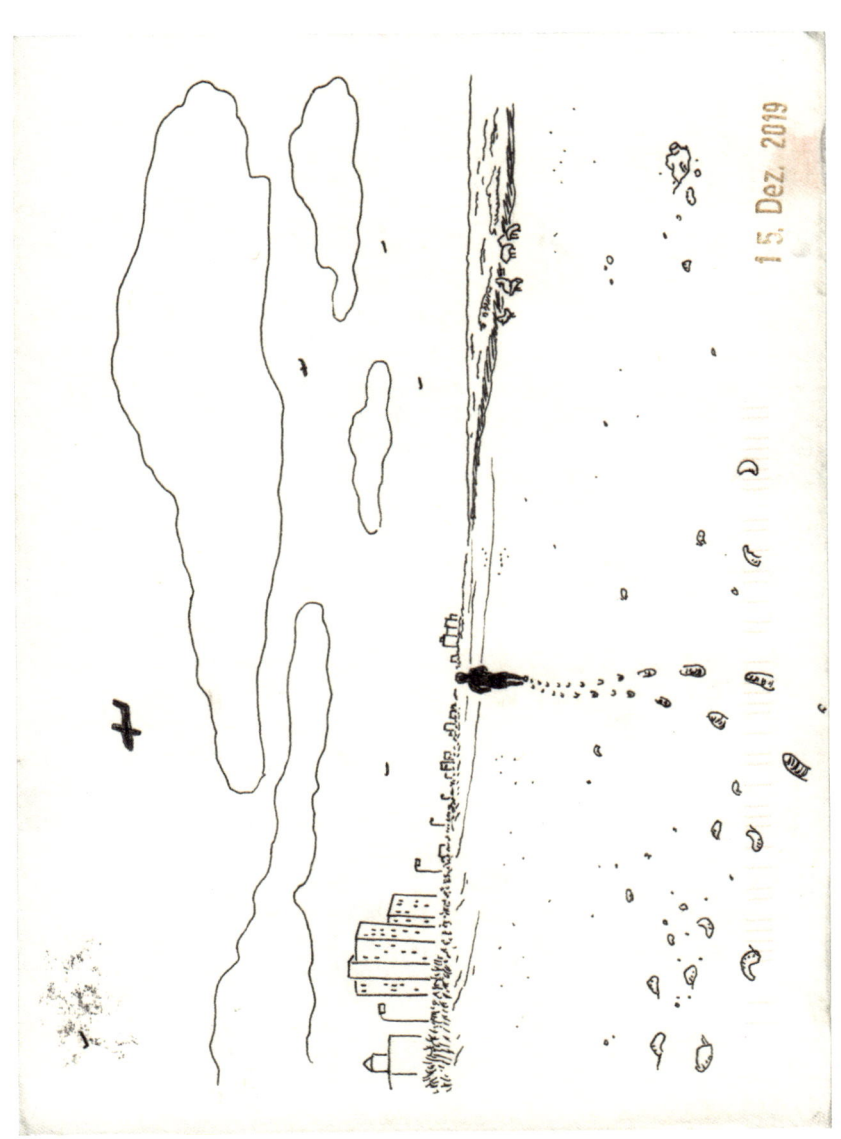

Heute wieder raus aus der Stadt. Mit der A fuhren wir quer durch Manhattan, durch ganz Brooklyn (streckenweise mit dem Bus wegen Bauarbeiten) bis Rockaway Beach in der Nähe vom JFK. Da stand die Sonne schon relativ tief und es bot sich uns ein überwältigendes Szenario. Eine unglaubliche Weite und eine schon fast surreale Atmosphäre. Warm leuchtende Farben von der Sonne, eine karge Mondlandschaft die mit seltsam zerbrochenen Muscheln übersät ist, Windböen schleifen Sandkörner über den | Boden und setzen sich zu schlangenähnlichen Formen zusammen. Im Hintergrund | türmen sich Häuser auf, alle scheinen leer zu sein. Flugzeuge schweben am Himmel. | Abgesehen davon: Keine Spuren von Menschen. Es ist, als ob wir die einzigen über- | lebenden einer untergegangen Gesellschaft wären.

whipped cream

milkshake

(real) bacon!

potential heart attack!

0 0 1 1 2 —

Der zweite Teil unserer Rennstrecke ging dann wieder nicht mehr am Strand entlang, weil dieser privat war. Stattdessen durch dichte Suburbs von vermögenden Amerikanern. Grosse Autos standen teilweise sogar auf den Gehwegen, viele USA Flaggen, Football Flaggen und aufwändige Weihnachtsbeleuchtungen. Menschen draussen haben wir praktisch nicht gesehen. ~~Danach~~
Am Bahnhof dann still gerecht in eine Fast-food-kette, Cheeseburger mit ~~Bacon~~, Pommes, Cola. Und dann ein Experiment, dass ich bald bereue. Heute war ich in Amerika!

Out of the city again today. We took the A across Manhattan, through all of Brooklyn (sometimes by bus due to construction) to Rockaway Beach near JFK. The sun was already relatively low, and we were presented with an overwhelming scenario. An unbelievable vastness and an almost surreal atmosphere. Warm bright colors from the sun, a barren lunar landscape littered with strangely broken shells, and gusts of wind sending grains of sand across the ground, forming snake-like shapes. Houses pile up in the background, all seemingly empty. Airplanes hover in the sky. Other than that, no sign of people. It's as if we are the only survivors of a vanished society.

Unfortunately, the second part of our running route didn't go along the beach because it was private. Instead, we ran through the dense suburbs of wealthy Americans. Sometimes there even were big cars parked on the sidewalks, lots of U.S. flags, football flags, and elaborate Christmas lights. We barely saw people outside.

At the train station, we went to a fast food restaurant. Cheeseburger with bacon, fries and coke. And then an experiment I soon regretted. Today I was in America!

– whipped cream
– milkshake
– (real) bacon!
– potential heart attack!

"It's as if we are the only survivors of a vanished society."

Washington Heights → #85 | Getting lost → #18 |
Salad → #41

Heute war etwas anstrengend! Zuerst fuhr ich aus Versehen in die Bronx statt zu den Washington Heights. Dort arbeitete ich dann knapp 1h und traf mich dann mit Brni zum Salatessen: Latinos werfen einem in Windeseile gewünschte Zutaten in eine Chromstahlschüssel und hacken diese dann mit gewählter Sosse zusammen. Wehe, man lässt sich mehr als eine halbe Sekunde Zeit zwischen dem Wählen der Zutaten.

Danach lief ich durch Sugar Hill in eine andere Bibliothek, die mir allerdings verschlossen blieb. Also wieder runter an die 125th. Dort fühl ich mich Zuhause. Da ist immer was los.

Heute sind mir speziell zwei Typen aufgefallen, die spontan eine Art Flohmarkt einrichteten. Souvenirs, Räucherstäbchen oder Raubkopien sind hier gängig. Sie hatten allerdings gebrauchte Schuhe und ein Dreirad im Angebot. Und alles feinsäuberlich mit einem Preisschildchen versehen. Die Ware kam definitiv nicht "directly from the store" wie anderes hier. Es sah wirklich mehr nach Hausentrümpelung aus.

Später nach der Arbeit ging ich dort wieder vorbei. Die Typen waren nicht mehr da (ist auch wieder saukalt geworden!). Aber einzelne Schuhe und das Dreirad waren noch immer da. Die Preisschilder hat wohl der Wind weggeblasen. Nun liegt es da und was vorhin noch zum Verkauf stand ist nun nichts weiter als Abfall in einer Strasse, die ohnehin schon einen verlebten Charakter hat... Von der Verkäufern fehlte jede Spur und ich frage mich, was genau ihre Geschichte ist. Sind es Familienväter? Gauner? Junkies? Ich weiss es nicht!

125th Street → #53 | New York Public Library → #29 | Homeless people → #35 | Rip-off → #8 | Stamps → #25

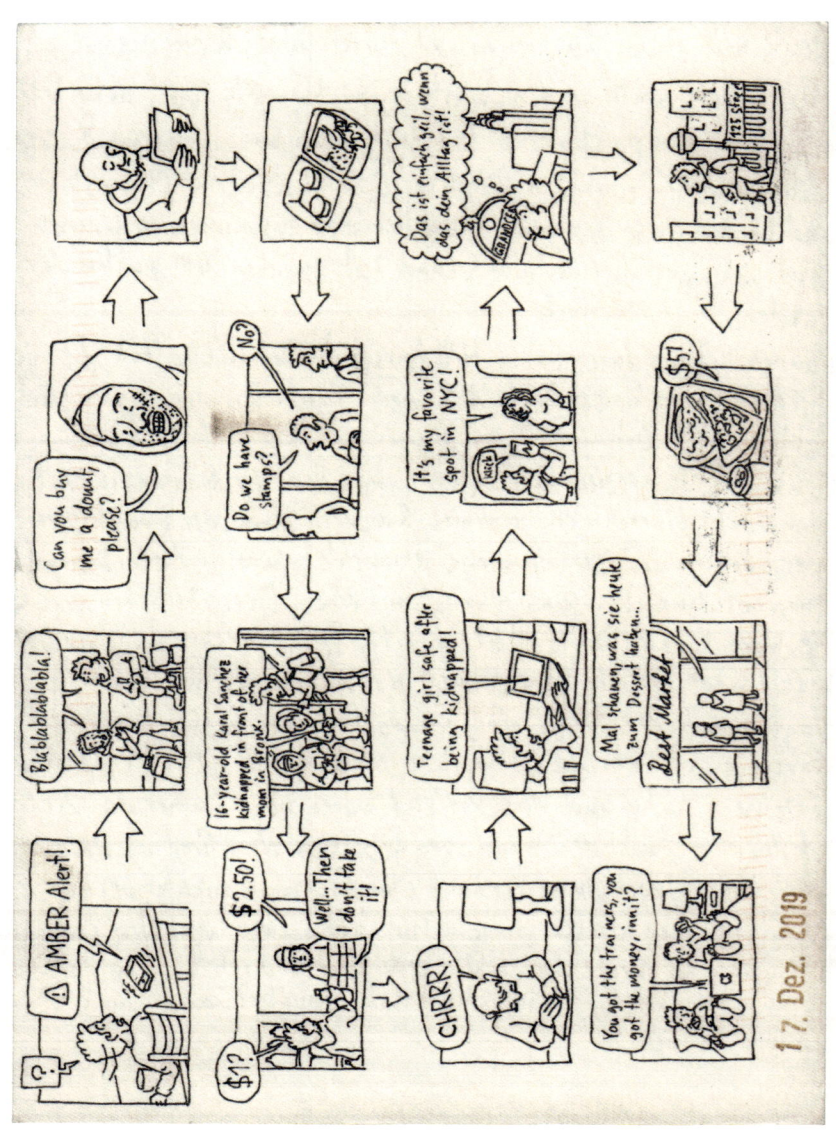

Mein heutiger Tag

1. Frühstück. Mein Nokel vibriert und sendet mit eine Notfallwarnung. Bronx, New York AMBER Alert check your local media. In der Bronx wurde ein Teenager gestern abend von ihrer Mutter weggezerrt und in ein Auto gestossen. Gespannt schauen wir die Sequenz der Überwachungskamera auf dem Kompi. Ich war gestern in dieser Gegend.

2. Wir fahren zur Arbeit.

3. Ein sehr freundlicher Typ fragt mich, ob ich ihm ein Donut kaufe. Ich mache es.

4. Der Mandalazeichner ist auch heute wieder in der Washington Heights Library. Heute zeichnet er aber nicht, vertieft sich in seiner Lektüre.

5. Quesadilla mit Beni. Ein Security mit knarre und Handschellen blödelt mit den Angestellten rum. Essen sehr sehr lecker!

6. Ich stehe gute 15min an der Post an um Briefmarken zu kaufen. Sieht aus wie in der Dritten Welt. Briefmarken haben sie auch nicht.

7. Unterwegs zur Bryant Public Library. Die Leute verfolgen auf ihren Smartphones die weitere Entwicklung des Kidnappings.

8. Ein Typ will mir zu teures Wasser verkaufen. Nicht mit mir.

9. Ein Mann erwacht in der Bibliothek immer wieder von seinem eigenen Schnarchen.

10. Die Verschwundene ist wieder aufgetaucht. Rührende Bilder.

11. Eine sehr dicke und sehr geschminkte junge Frau fragt, ob ich sie kurz fotografieren kann. vor dem Eingang der Bryant Bibliothek. Ich kann.

12. Über die Grand Central Station gehts auf die Grüne Linie.

13. Einmal quer zu Fuss durch die 125th. Ich liebe diese Strasse!

14. Legendäre Pizza bei "I'll fix it later!" wie Beni ihn liebevoll nennt.

15. Kurzer Abstecher ins legendäre Best Market schräg gegenüber.

16. Walnussgebäck und dazu "Top Boy" Z

PS: Am Tag darauf lese ich folgende
faked her kidnapping on a Bronx stree

12/20

59

Heute in einem Monat ist Vernissage in Bern Grund genug, meine inoffizielle Einladungskarte zu zeichnen. Es muss noch einiges organisiert werden und dass ich nicht dort sein werde, macht es nicht einfacher. Aber: Das Projekt entwickelte sich bisher viel besser, als ich es mir erhofft habe. Es ist mir richtig wichtig geworden und ich investiere (eigentlich zu) viel Zeit und Energie. Ich bin bisher sehr zufrieden und fühle mich durch das Projekt richtig beflügelt.

Schade, dass ich an der Ausstellung nicht dabei sein kann. Ich hätte mir gerne die Reaktionen angeschaut. Vor allem die der sogenannten Experten. Die werden wahrscheinlich Schreikämpfe kriegen, wenn sie schon nur Sprechblasen in einer Kunstgalerie sehen. Es ist mutig vom Galeristen, mich das so durchziehen zu lassen. Dafür bin ich sehr dankbar. Andererseits ist es auch höchste Zeit, dass sich Galerien der Neunten Kunst öffnen.

Für mi isch das meh gueti Illustration!

Auso Kunscht isches nid!

Mein Highlight von der Ausstellung letztes Jahr

Kunstkatalog

« Das einzige, was ich in meinem Leben bedauere, ist, keine Comics gezeichnet zu haben. » Pablo Picasso

Gestern war Bruis letzter Tag. Als haben wir alles gemacht: Haushalt, Packen, Spazieren, Einkaufen. Über Nacht wurde es scu-
kalt, weil sich alle Wolken verzogen haben. Es hat gut, an einer
Avenue Richtung Downtown zu schlendern und die Sonne zu
spüren. Da kann man ruhig seine Mütze und Handschuhe aus-
ziehen. Davon ist allerdings nicht zu denken, wenn man sich
dann in die schattige Schlucht einer Street begibt. Das sind
zwei unterschiedliche klimatische Welten!

Als ich abends Bruis an den Pennsylvania Bahnhof brachk (was für
ein Chaos!), entschied ich mich abermals für einen Abendspazier-
gang, den ich allerdings später dann absorbierten hakz, weil es wirklich
unangenehm kalt wurde. In der Subway zeichnete ich anschliessend
eigenwillige Portraits — meine halb gefrorenen Hände konnte ich quasi
nicht mehr kontrollieren.

Scheisse! Wenn ich das gewusst häkte,
dass die so hässliche Marken dewckt, wäre
ich doch zum Schalter gegangen

Ausserdem braucht er Ewigkeiten,
für diese 20 Briefmarken! Ich hab
nicht mal Zeit gewonnen!

Self Service

Krrrr!

PS: Bisher hat sich davon ausgegangen, dass man sitzt in New York
immer nur einmal Sihl-Gesten halt ich in der U-Bahn, aber eine junge
Frau sagte, dass die mit schon mal irgendwo in der U-Bahn gegangen ges. Sie ist
sehr aufbreizt, weil sie mein Vorgehen als Verunsicherung ausschlachen.

Ruedi Meier
Galerie Muster-Meier
Bürglenstrasse 35
3006 Bern
SWITZERLAND

Wenn in einer fremden Stadt Fremde nicht mehr
fremd sind, wird die Stadt langsam auch nicht
mehr fremd.

Wing?

#26

Harlem → #38 | Find a friend →#28 |
Fire alarm → #72 | Security → #40

Heute habe ich mich mit einem renommierten ~~renommierten~~ Szenaristen in
einem coworking space mitten in Harlem getroffen. Die offizielle
Einladung habe ich am Tag zuvor bereits als E-Mail bekommen,
inkl QR-Code, Wegbeschrieb und WLAN Zusicherung. Was mich am
Empfang dann erwartete, war doch etwas überraschend und
befremdend. Meinen Pass musste ich allerdings dank QR-Code nicht
zeigen (Julian hat mir gesagt, dass ich den unbedingt mitbringen
soll, weil sie mich sonst nicht reinlassen). So langsam werde ich zum
Smartphoneprofi - dabei habe ich noch kein halbes Jahr so ein
verflixtes Ding.

Das Gespräch mit Julian war unglaublich inspirierend und es
haben sich mir in meinem Kopf neue Welten aufgetan. Wir sprachen
über Comics. Und Hiphop. NYC hat für beide Bereiche ~~allzuviel~~ zu bieten!
Das Gespräch wurde dann schlagartig beendet, als der ohrenbetäubende
Feueralarm anging. Von Panik keine Spur. Aber wir entschieden, dass
wir gehen. Der Security unten verabschiedete sich freundlich, das habe
ich durch das Sirenengeräusch noch hören können.

Ruedi Meier
Galerie Muster-Meier
Bürglenstrasse 35
3006 Bern
SWITZERLAND

Heute hatte ich morgens viel Administratives zu tun und am Nachmittag um 14:00h dann einen Termin: Hiphop Museum in der Bronx. Es lohnt sich deshalb nicht gross, in den Grossstadtdschungel zu gehen und ich entschied mich stattdessen, mein Mittagessen mal wie ein Local im Deli um die Ecke zu holen. Das sind diese bunt leuchtenden und blinkenden Läden, wo manchmal laut und auffällige Gestalten davor stehen. Man weiss nie so recht, was einem erwartet und ich brauche immer etwas Überwindung, durch die voll zu geklebte Türe zu treten. Neben Getränken und Snacks gibt es manchmal drinnen auch eine (kulinarische), wo Sandwiches gemacht werden. Das war hier der Fall, nur was sie genau im Angebot hatten, war schwierig zu sehn. Ich sah wohl etwas verloren aus, als mich ein gebrächlicher Afroamerikaner mit leiser Stimme fragte, ob er mir so bieten könne. Ich sagte, dass ich Hunger habe und was er mir so bieten könne. Wir einigten uns auf Honey Turkey ("if I knew it") und Fries. Er meint dass er für mich alles frisch zubereite und ich antworte, dass ich Zeit habe. Sehr ... und gemächlich, ja langsam, machte er sich aus Werk. Alle Blues Songs wetteiferten sich mit Christmas Songs aus den Boxen ab. Ich fühlte mich durch die ruhige Art des Mannes in diesem Laden richtig willkommen. $8 machte er zusammen, ich reichte ihm ein $10 Note und meinte, er könne den Rest behalten. Sine Augen öffneten sich erstaunt, als wäre ein ...
you!" meinte er ...
"Merry Christmas! Ich ...
vielleicht aus Versehen eine Verzehn eine $50 Note gegeben hab ...

Spät H. Es kam Weihnachtsgeschichte ist es allmal und es ist Zeit, ihnen so unseres positiv ist.

"I decided to get lunch at a deli around the corner like a local."

Today I had a lot of administrative work to do in the morning. And then in the afternoon at 2:00 p.m., I had an appointment at the Hip Hop Museum in the Bronx. So, it didn't really make sense to go out into the urban jungle and instead, I decided to get lunch at a deli around the corner like a local. Delis are those brightly lit and flashing stores, sometimes with loud and conspicuous characters standing in front of them. You never really know what to expect and I always need to muster a bit of courage to go through the plastered doors. In addition to drinks and snacks, there is sometimes a kitchenette where they make sandwiches. This was the case here, but it was difficult to see exactly what they had on offer. I must have looked a little lost when a frail African American man asked me in a low voice if he could help me. I said I was hungry and asked what they had. We agreed on honey turkey ("I knew it") and French fries. He said he would prepare everything fresh for me and I replied that I had time. He went to work very carefully and leisurely, even slowly. Old blues songs alternated with Christmas carols from the speakers. The man's calm demeanor made me feel very welcome in this store. The bill came to $8. I handed him a $10 note and told him he could keep the rest. His eyes opened with amazement, as if a miracle had happened. "Oh, thank you!" he said, shaking my hand. "Merry Christmas!" I left the store deeply moved, wondering if I might have given a $50 bill by mistake, but then decided it didn't matter. It's a beautiful Christmas story, and everything is right, just the way it happened.

Speech bubbles:
- Being open-minded... That's the spirit of Hiphop, right?
- ...But nowadays, people just don't know where streetwear comes from!
- I like the positive way of competition you find in Hiphop!

Rocky   Ron la Retro   Fabel   2 2. Dez. 2019

Heute ist nichts zu aufregendes passiert. Morgens E-Mails und
Calls (Mann! Meine Sprache!), dann habe ich mich mit Pirmin und
Bärbel getroffen: Little Italy in der Bronx, dann noch alleine hoch bis Endstation (Hochbahn bei Sonne). Gestern war spannender!
Im Hiphop Museum Popup habe ich sehr interessante Begegnungen gemacht. Die Leute leben diesen Hiphopfilm dort seit dem ersten
Tag (wenn sie alt sind) und es war sehr inspirierend mit diesen
Legenden zu quatschen und zu spüren, worum es ihnen eigentlich
geht. Noch nie zuvor habe ich Hiphop so offen und warmherzig
erlebt. Mir war auch nicht bewusst, wie jung diese Menschen waren,
die vor jetzt dann fast 50 Jahren eine völlig neue Kultur aus
dem Boden stampften – die wenigsten waren älter als 20. Ihre
Flyer für die legendären Blockparties haben sie meistens von Hand
vervielfältigt, weil sie kein Geld für ein Kopiergerät hatten. Hiphop
gab ihnen eine Möglichkeit, sich auszudrücken und sich von einem
Alltag zu befreien, der von Drogen- und Bandenkriegen dominiert
wurde. Ich habe mit den Leuten gestern gesprochen, die das alles
so miterlebt haben, in den späten 60ern und frühen 70ern. Sie
sind trotzdem bodenständig geblieben, freuen sich, wenn sie jüngeren
etwas weiter geben können. Das war für mich alles sehr beeindruckend,
lernreich und cool.
Meine Zeichnungen finde sie so gut, dass ich kein Instagram habe weniger.
Was wäre wohl passiert, wenn diese Jungen von damals die Möglichkeiten von heute

schon gehabt hätte? Ich glaube, Hiphop wäre gar nicht erst entstanden!

"I have never experienced hip hop in such an open and warm way."

Nothing exciting happened today. Emails and phone calls in the morning (man! my language!), then I met up with Pirmin and Bärbel: Little Italy in the Bronx, then alone to the end of the line (elevated train in the sun). Yesterday was more exciting!

I had some very interesting encounters at the Hip Hop Museum popup. People have been living this Hip Hop movie since day one (if they are old) and it was very inspiring to talk to these legends and get a feeling of what it is all about. I have never experienced hip hop in such an open and warm way. I also didn't realize how young these people had been when they created a whole new culture almost 50 years ago—very few of them were older than 20.

Most of them copied their flyers for their legendary block parties by hand because they didn't have the money for a photo-copier. Hip hop gave them a way to express themselves and to escape a daily life dominated by drugs and gang wars. I was talking to people yesterday who lived through all that in the late 60s and early 70s. Yet they have remained grounded and are happy to pass something on to younger people. It was all very impressive, educational, and cool for me.

They also thought my drawings were cool, less so that I didn't have Instagram. What would have happened if those guys back then had had the opportunities they have now? I don't think hip hop would have happened at all!

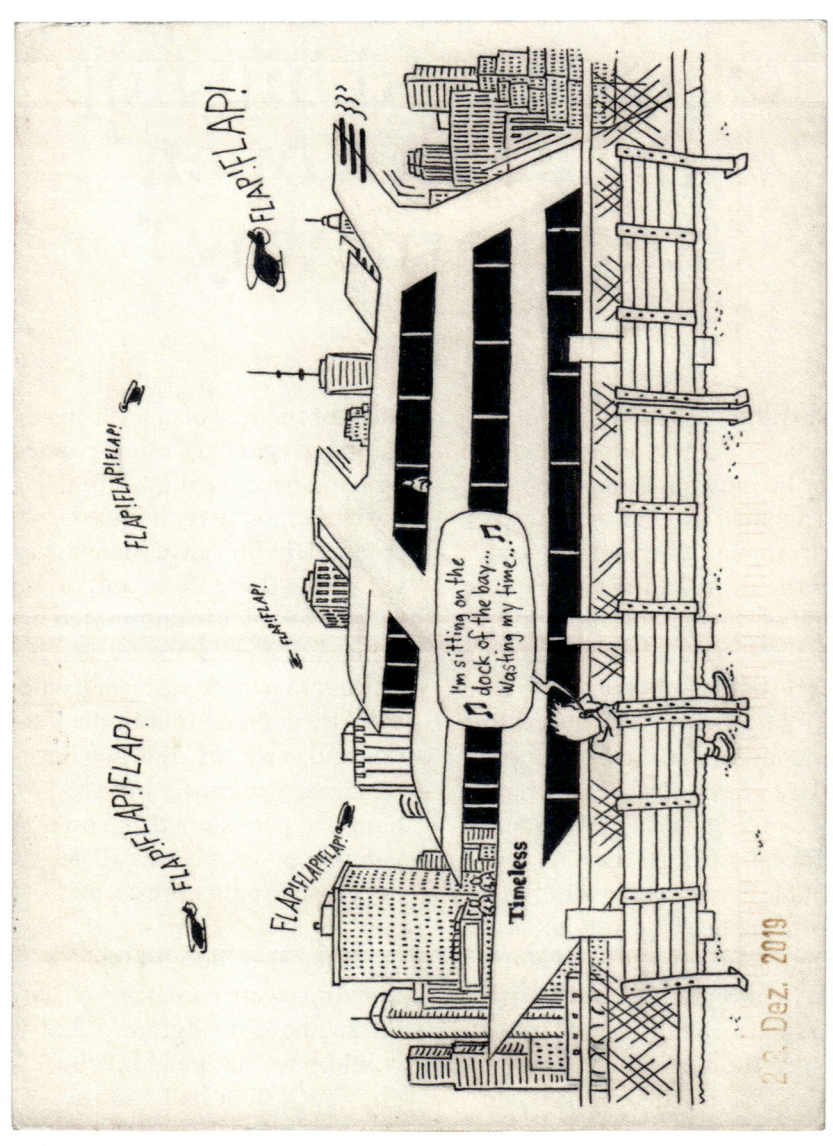

Heute bin ich mit einem ungaten Gefühl ~~aufgestanden~~. Die letzten Tage war ich sehr unproduktiv und heute ~~wollte ich endlich~~ mal wieder Gas geben. Das Wetter war aber noch besser ~~als gestern~~. Schöner Mist! Das Gute an der Bryant Bibliothek ist, dass ~~ihr~~ überwältigende Atmosphäre sich sehr positiv auf meine Konzentration auswirkt. Ich glaube, ich war noch nirgends so hochkonzentriert an der Arbeit. Und doch verriet ein Blick durch die hohen Fenster: Eigentlich ist es schade, drinnen zu hocken. Kurz vor 15:00 packte ich deshalb meine Sachen und ging nach Brooklyn, um von dieser Seite entlang der Docks auf Lower Manhattan zu schauen.

Es war fantastisch! Die typische Manhattan Postkarten Ansicht. Kaum Wind, viel Sonne, angenehme Temperatur, nicht zu viele Leute (jedenfalls weiter unten). Diese Ansicht wird das Motiv für meine heutige Karte, dachte ich und setzte mich auf eine Bank, um mich mit Otis Redding ~~im~~ Ohr noch besser auf die Stimmung einlassen zu können. Ich beobachtete Schiffe und Helikopter, wie sie Touristen rumführen, hörte die Musik und machte mir Gedanken über Zuhause und hier, Vergangenheit und Zukunft und übers Zeitverschwenden und Glücklichsein. Da lief eine grosse Luxusyacht aus und versperrte meine gesamte Sicht auf Lower Manhattan. Der Name der Yacht: Timeless. Das fand ich passend und ich beschloss, dieses ganze Szenarium ~~mit~~ zeichnerisch festzuhalten. Wenn es nicht wirklich so passiert wäre, fände ich es zu gesucht, zu kitschig, zu übertrieben. Aber eben, das ist halt New York!

00112-0001

Culture & Fun

- ABC Studios NYC → #81
  77 W 66th St 13, New York, NY 10023
- Apollo Theater → #53
  253 W 125th St, New York, NY 10027
- Birthday party, private → #39
- The Bronx Museum of the Arts
  → #62
  1040 Grand Concourse, Bronx, NY 10456
- Chinatown Fair Family Fun
  Center (arcade game room)
  → #48
  8 Mott St, New York, NY 10038
- Chinese New Year, Chinatown
  parade → #62 | #76 | #77
  Chinatown, Manhattan
- Comics → #53 | #58
  → US Comics Archive,
    Columbia's Rare Book &
    Manuscript Library
    Comics and Cartoons,
    Columbia University
    → #47 | #58
    535 W 114th St, New York, NY 10027
- Dorot Jewish Division,
  New York Public Library → #51
  476 5th Ave, New York, NY 10018
- Drink N' Draw, Bat Haus
  Coworking and Event Space
  → #52
  459 Grand St, Brooklyn, NY 11211
- Fashion show → #66 | #81
  Chelsea, Manhattan

- Harlem Tavern (sports bar)
  → #70
  *2153 Frederick Douglass Blvd, New York,
  NY 10026*
- Hidden bar → #36
  149 Havemeyer St, Brooklyn, NY 11211
- Hip hop history → #27 | #28 |
  #61
  → The Hip Hop Museum
    → #27 | #28 | #61
    575 Exterior Street, Bronx, NY 10451
- Historical blackout
  (July 13–14 1977) → #61
- Live performance → #6
  125th Street, Manhattan
- Midnight Run → #37
  Central Park, Manhattan
- MoMA, Museum of Modern
  Art → #2
  11 W 53rd St, New York, NY 10019
- Musical, Minskoff Theater,
  Broadway → #75
  200 W 45th St, New York, NY 10036
- Pop-up vernissage → #19
- Rockefeller Center Christmas
  Tree Lighting → #10
  45 Rockefeller Plaza, New York, NY 10111
- Spontaneous singing concert
  in the public toilet → #50

Shopping

- Art supply, Blick Art Materials
  → #3 | #16
  443 Broadway, New York, NY 10013

  - → Pencils, CW Pencil
    Enterprise (permanently
    closed) → #3 | #64
    15 Orchard St, New York, NY 10002

- Best Market (permanently
  closed, now Lidl)
  2187 Frederick Douglass Blvd,
  New York, NY 10026

- Black Friday → #5
- Fashion, Clothes → #5 | #64
- Flea market → #22
- Stamps → #23 | #25 | #68
  United States Postal Service 511 W 165th St,
  New York, NY 10032 / 232 W 116th St,
  New York, NY 10026 / 534 W 112th St,
  New York, NY 10025

- Street sale → #37 | #50
  125th St, Manhattan

- 5th Avenue (famous shopping
  mile) → #5
  5th Ave, New York, NY 10017

#30

Central Park → #37 | Times Square → #37 | Supertowers → #34

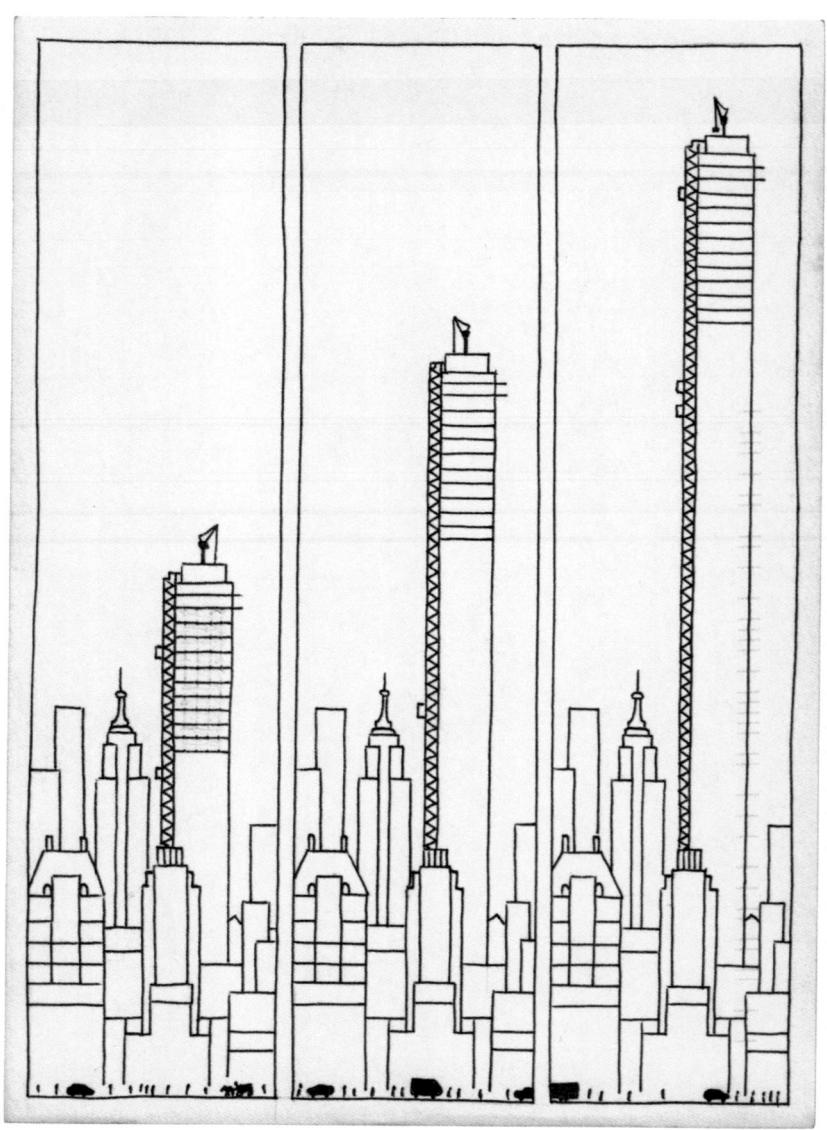

Gestern war Pulloverwetter. Ich lag im Central Park also an der Sonne und geniesse die Weite und die Sicht quer durch den Park bis zu den neuen Supertowers, die gerade am Entstehen sind. Heute zogen mich die Türme wie magisch an. Es ist überwältigend, sie mal auch aus der Nähe zu sehen und zu studieren, wie diese fast 500m hohen Türme Etappenweise gebaut werden. Ein Kampf gegen jede Vernunft, höher und höher. Wenn ich da schon nur an das Material denke, dass da angeschleppt und verbaut wird. Es ist schlicht unglaublich!

So gegen 23⁰⁰ ging ich dann doch nochmals raus Richtung Times Square. Da war so ein selbsternanntes Latinomodell (nicht schön zum Anschauen), die vor laufender Kamera Männer angesprochen und kurz "interviewt" hat. Die Männer waren alle sehr glücklich und nutzen die Nähe, die die junge Frau suchte um sie anzufassen oder zu küssen (und wenn nicht, forderte sie sie dazu auf, wie ich heute auf ihrem Youtubechannel sah). Ich beobachtete dieses Getreibe ein bisschen und schaute dann einer spannenden Schachpartie zwischen einem Local und einem japanischen Touristen zu. Ich weiss nicht, wie Schach funktioniert.

79

In seinem wohl bekanntesten Lied singt Frank Sinatra "I want to wake up in a city that doesn't sleep!" Das klingt erst mal verführerisch. Aber es ist leider gar nicht so einfach. Denn dazu müsste man erst einschlafen können! Diese Stadt ist so aufregend und interessant, dass ich nach meinen Streifzügen in einem Hoch an Zufriedenheit Zuhause ankomme. Gestern hatte ich wieder einen perfekten Tag erwischt (schönes Wetter, Chinatown, gute Ente, interessantes und tiefsinniges Gespräch mit einer New Yorker Barbier Ikone, gute Begegnungen auf der Strasse und in der U-Bahn, entspannter Weihnachtsabend mit meiner Gastfamilie) und es fällt mir dann unglaublich schwer von meiner Euphorie herunter zu kommen. Ich liebe diese Stadt! Und gleichzeitig stresst sie mich ungemein. Denn ich beginne zu begreifen, dass, egal wie sehr ich mich anstrenge, ich niemals alles sehen werden kann, was ich sehen will. Dafür reicht wahrscheinlich nicht einmal ein ganzes Menschenleben!

Man könne meinen, dass dieser letzte Gedanke mich vielleicht etwas beruhigt. Tut es ganz und gar nicht. Meine Gedanken schwirren in vergangenen Eindrücken, kreisen um neue Pläne. Es ist unmöglich so einzuschlafen. Nur ein Gedanke beruhigt mich ein wenig:

Ich kann immer wieder nach New York, sozusagen als ...

2., 3., 4. Leben in ...

Die Liste von Dingen, die ich in NY noch schauen will ...

nicht zu verwechseln mit Ideen für Postkarten — die ist noch länger!

Ich bin da herausgefunden, wie ich auf meiner Wunschliste von Dingen ich sehen abspeichern kann, die Möglichkeiten multiplizieren sich. Wie in einem Computerspiel!

"I love this city! And at the same time, it stresses me out."

In perhaps his most famous song, Frank Sinatra sings, "I want to wake up in a city that doesn't sleep!" It sounds tempting at first. Unfortunately, it's not that easy. You have to fall asleep first! This city is so exciting and interesting that I always come home on a high. Yesterday I had another perfect day (beautiful weather, Chinatown, good duck, interesting and profound conversation with a New York hairstyling icon, good encounters on the street and in the subway, relaxed Christmas evening with my host family) and it's incredibly difficult for me to come down from my euphoria. I love this city! And at the same time, it stresses me out. Because I am beginning to realize that no matter how hard I'll try, I'll never be able to see everything I want to see. An entire human life probably wouldn't be enough time!

You might think that last thought would calm me down a bit. It doesn't at all. My mind is buzzing with past impressions, circling around new plans. It's impossible to fall asleep like that. Only one thought calms me a little: I can always go back to New York, as a 2nd, 3rd, 4th life, so to speak.

- My list of things I want to see in NY—not to be confused with postcard ideas—that list is even longer!
- I've figured out how to save destinations on my phone, the possibilities are multiplying. Just like a computer game!

26. Dez. 2019

Eigentlich wollte ich die Bleistiftzeichnung, die ich vorhin in der Subway machte, noch reinzeichnen. ~~Darum~~ Darum sieht
es auch etwas anders aus als sonst – ich skizziere ununterbrochen in
der U-Bahn. Das Schöne: Man kommt so auch gut mit anderen Leuten
ins Gespräch. Gestern sprach ich gleich mit 4 Personen gleichzeitig!
Und alle unabhängig voneinander – dh sie kannten sich auch nicht.
War schade, dass ich dann aussteigen musste. Nicht ohne meinen
Namen zu nennen und Händeschütteln. Das machen die hier so. Aber
Ich habe einen jungen Mann und eine junge Frau über das Zeichnen
in ein Gespräch verwickelt. Ich hoffe, sie führten das weiter. Und
wer weiss, vielleicht ist das ja der Anfang einer Romanze?
Erfahren werde ich das leider nie. Und doch stelle ich mir
jetzt vor, wie in 60 Jahren ein altes Ehepaar ihren Gross-
enkeln erzählen, dass ein schweizer Illustrator sie in der
U-Bahn ins Gespräch gebracht hat. Das ist New York!
Warum nicht?!

sieht von
jeder Seite
wieder
übernatürlich
anders
aus
↓

Heute war ich kurz beim World Trade Center. Schon unglaublich,
was dort passiert ist – was immer es auch war! Später in der
Nacht sass ich im Battery Park und schaute Richtung Frei-
heitsstatue. Ich war allein, niemand da. Kurz vor 21 Uhr. Frieden.
9/11 muss New York unglaublich stark getroffen haben. Das
war eine Attacke in eine in sich geschlossenes Schlaraffen-
land. Disneyland. Peace 'n' Harmony

wenn aus einer Katastrophe
eine Touristenattraktion wird... National September 11 Memorial!

#33

Find a friend → #37 | Generosity → #42 |
Barber → #78

"I'm glad you came, man!", begrüsste mich Geno heute morgen mit gewohnt sanfter und freundlicher Stimme in seinem eleganten Barbershop. Ich lernte ihn vorgestern in China Town beim Enten-essen kennen und heute wollte ich mir seinen Laden mal anschauen. Seit einem Bericht in der New York Times und dem Erwähnung in einem Tweet von Tweet CEO Jack Dorsey persönlich, ist Geno's Barberia zu einer bekannten Adresse geworden. Jetzt nach den Weihnachten sei der Ansturm allerdings nicht mehr so gross. Eine Woche vorher war es im engen Laden wie beim Times Square voller Kunden. Kleine Bemerkung am Rande: Bei einem richtigen Fri-seur war ich wahrscheinlich zuletzt vor über 15 Jahren. Es war sozusagen eine Premiere für mich, bei einem richtigen Coiffeur mit richtigen Preisen zu sein.

Wie schon in China Town hatten wir ein wunderbares Gespräch. Über New York, über Heimat (er floh damals aus dem Balkan nach New York), über Fussball, über Fischen und nicht zuletzt über Beziehungen, Allein sein, Eigenverantwortung, Zukunft, Kinderhaben (er steckt gerade in der Scheidung und hat zwei Töchter, 9 und 13). Wir haben sehr viele Ge-meinsamkeiten entdeckt (er trinkt z.B. auch kein Alkohol). Geno schneidete meine Haare sehr sachte und sorgfältig und machte einen guten Job. Als ich vom Sessel aufstand meinte er: "This is on me!" und wollte mein Geld nicht. So ging ich inspiriert, dankbar und mit frischem Haarschnitt zurück in den New Yorker Alltag. Auch das ist irgendwie eine gute Weihnachtsgeschichte.

PS: Wir verblieben so, dass ich ihm aus der Schweiz eine gezeichnete Postkarte si

"When I got up from the chair, he said, 'This is on me!' and didn't want my money."

"I'm glad you came, man!" Geno greeted me this morning in his usual soft and friendly voice in his elegant barbershop in Greenwich. I met him the day before yesterday while eating duck in Chinatown, and today I wanted to take a look at his shop. Geno's Barberia has become a household name since it was featured in the New York Times and mentioned in a tweet by CEO Jack Dorsey himself. Now that Christmas is over, however, the rush has slowed. A week earlier, the cramped shop had been as packed with people as Times Square. By the way, the last time I went to a real hairdresser was probably over 15 years ago. This was the first time I was in a real barbershop with real prices.

Like in Chinatown, we had a wonderful conversation. About New York, about homelands (he fled from the Balkans to New York), about soccer, about fishing, and last but not least about relationships, being alone, personal responsibility, the future, children (he is going through a divorce and has two daughters, 9 and 13). We discovered that we have a lot in common (he doesn't drink alcohol either, for example). Geno cut my hair very gently and carefully and did a good job. When I got up from the chair, he said, "This is on me!" and didn't want my money. So, I went back to my daily life in New York inspired, grateful, and with a fresh haircut. That's kind of a good Christmas story.

PS: We agreed that I'll send him a drawn postcard from Switzerland, maybe even this one! Geno looked at my whole website and really likes my work…

#34

Supertowers → #63 | Connect with people → #36 |
Letter boxes → #43

28. Dez. 2019

Notschlafstelle

Pausenbox
(für Polizisten)

Leuchtwesten
(für Spontaneinsätze)

Eichhörnchenlager

Hip Hop Equipment
(für Blockparties)

Reiseportal
(für ferne Galaxien)

In New York gibt es 2 Sorten Briefkästen (siehe Bild unten). Der eine ist sehr sperrig und dunkelgrün (links), der andere etwas weniger wuchtig und blau (rechts). Beim Grünen kann man keine Briefe einwerfen, man sucht dort den Schlitz vergebens. Ich werfe meine Karten also immer in die Blauen. Lange habe ich mich gefragt, ob die Grünen einfach alte Briefkästen sind, die man aus Nostalgie einfach stehen lässt. Sie verteilen sich allerdings grosszügig über die ganze Stadt. Also malte ich mir weitere Ideen aus (siehe Vorderseite).

Vor ein paar Tagen sah ich dann einen Postboten, der einen Grünen geöffnet hatte. Es war voller Post ~~verstoss~~. Wie aber kommt sie dahin? Der Töggler gab Auskunft. Postboten sammeln zu Fuss die Post der Blauen Briefkästen ein, da es sehr viel Post ist, leeren sie ihren Wagen in die Grünen Kästen. Diese wiederum werden von Postboten die mit Lieferwagen unterwegs sind geleert. Die Grünen sind also ein postinternes Zwischenlager. Logistik in New York!

Ich glaube, der Super-tower ist in den letzten Tagen nochmals markant gewachsen

Mo's? He's right there! But he's on holidays during winter. You need to come back in april, buddy!

But our barber shop here is just as good as Mo's Burgers.... And we are open today!

US MAIL

BARBER

Grün   Blau

PS: Die Enttäuschung der ~~woche. Ich werde~~ nicht in den Genuss von Mo's legendären $2 Burger kommen. Spätestens jetzt wird mir klar: Ich bin nicht zum letzten Mal in NY!

Heute ist zwar Sonntag, aber ich muss unbedingt weiter an meinem
Auftrag arbeiten. Fand in den letzten Tag kaum Zeit, nicht zuletzt
auch wegen den Postkarten. Zeichnen braucht einfach sehr viel Zeit!
In der Subway 6 machte ich heute Morgen eine unschöne Erfahrung.
Ich sprang hinein und bemerkte zu spät, das etwas nicht stimmte.
Der ganze Wagen stank bestialisch. So was habe ich noch nie erlebt.
Die Gesichter der Leute sprachen Bände, selbst wenn man keinen Rich-
sinn hätte. Ein Mix aus Unfassbarkeit, Ekel aber auch Mitleid. Den der
Geruch musste von jemandem kommen, der gerade durch eine ver-
schissenes Leben geht. Ob es der Obdachlose unter der Decke war,

**Mi corazón!
Los andes!
Señorita!**

der die andere Hälfte des Wagens für sich alleine
hatte war mir indessen nicht unbedingt klar. Den
der Gestank hat sich so sehr im Wagen verteilt,
das man ihn nicht orten konnte. Doch ich habe es
etwas länger ausgehalten, aber beim zweiten Stop
habe auch ich aufgegeben und am liebsten wäre
ich sofort wieder heim unter die Dusche.

**"ö ö ö"
klimper!
klimper!**

Ein schönes Erlebnis zum Schluss. Gestern bettelte
ein einbeiniger, älterer Latino in der U-Bahn.
Um den Hals trug er eine kleine Musikbox aus
dem Latinomusik drang, dazu sang er und tänzelte
so gut es eben ging durch die U-Bahn. Ich sah
sein Gesicht nicht, da für dir Gesichter der anderen
Passagiere, denen er ein Lächeln auf das Gesicht zauberte. Die Münzen prasselten
nur so in sein Becher. Seine lebensfrohe Einstellung war ansteckend. Ich konnte sie
spüren, obwohl ich noch nicht einmal sein Gesicht sah!

Today is Sunday, but I really need to keep working on my assignment. I haven't had much time the last few days, not least because of the postcards. Drawing just takes a lot of time! I had an unpleasant experience on the 6 subway this morning. I got on and realized too late that something was wrong. The whole car smelled terrible. I've never experienced anything like it. The faces of the people spoke volumes, even if you had no sense of smell. A mixture of incomprehension, disgust, but also pity. The smell must have come from someone who was going through a shitty life at the moment. It was not clear to me whether it was the homeless man under the blanket who had the other half of the car to himself. The stench had spread through the car, so it was impossible to locate its origin. I managed to hold out a little longer, but at the second stop I gave up and would have preferred to go straight home and take a shower.

A nice experience at the end. Yesterday, an elderly, one-legged Latino man was begging on the subway. He had a little jukebox around his neck that played Latin music to which he sang and pranced around the subway as best he could. I couldn't see his face, but I could see the other passengers as he put smiles on their faces. Coins just fell into his cup. His cheerfulness was contagious. I could feel it even though I couldn't even see his face!

"A mixture of incomprehension, disgust, but also pity."

Brooklyn → #3 | Connect with people → #38 |
Laundromat → #85

Vorgestern habe ich mich mit Joe in Brooklyn verabredet. Joe habe ich vor einigen Tagen in China Town angesprochen, weil er sich ... Architektur zeichen übt. Ein Seelenverwandter! Eigentlich wollten wir ja zusammen zeichnen, aber es regnet. Also fuhr er mit dem Fahrrad ... durch Williamsburg und gab mir einen Tipp, dem ich abends dann mit Monica und Fenn (Besuch aus der Schweiz) gleich nachging. Und das war ein Erlebnis!

Von Aussen sieht der Laden aus wie ein herkömmlicher Waschsalon. Geht man rein, ist alles ein bisschen komisch. Eine Art Ladentheke, dunkel, ein Typ, der stumm da sitzt. Aus einer Tür, die sich neben ihm befindet, erklingt ganz leise funkige Musik. Die Türe erinnert an ein Gefrierschrank. Und da mir Joe das Geheimnis verriet, wusste ich, dass wir durch diese Türe mussten. Zuerst mussten wir uns allerdings ausweisen und sicher gehen, dass wir Bargeld dabei hatten. Dann ging ab durch die Tür, in eine versteckte, sehr dunkle Bar. Es roch nach Duftkerzen, die überall im Raum verteilt waren. War ein cooler Abend im Waschsalon!

Ruedi Meier
Galerie Muster-Meier
Bürglenstrasse 35
3006 Bern
SWITZERLAND

#37

Gestern war es also soweit. Der lang ersehnte Wechsel in ein neues Jahr-
zehnt. Die goldenen 20er! Die ganze Stadt war heute schon früh unterwegs. Naja. Weit mehr als die ganze Stadt. Touristen überschwemmten die
Strassen. Beinahe an jeder Ecke konnte man New Year Gadgets kaufen. Brillen,
Hüte, Leuchtschlangen, B. Plastikmüll, der spätestens nächste Woche seine End-
destination finden wird. Einige Lastwagen voll!
Ich habe gestern in der Bryant Library einen italienischen Berufskollegen
kennengelernt (wir sassen uns zeichnend gegenüber) und der konnte mich in
den Central Park zum Midnight Run schleusen (kein Zutritt ohne Befugnis
im Central Park!). Punkt Mitternacht ging ein Riesenfeuerwerk los und
tausende von Leuten begannen mit dem 4 Meilenlauf. Die Stimmung
war sehr erfrischend und positiv. Nächstes Mal will ich auch laufen!
Das beeindruckendste war allerdings der Nachhauseweg in der U-Bahn. Viele
Leute, viele Läufer. Alle zufrieden, vor sich hinträumend. Viele Pärchen,
die zusammen gelaufen sind oder irgendwo sonst waren. Aber auch viele,
die alleine unterwegs sind. Die einfach laufen wollen und das dann
halt alleine durchgezogen haben. Niemand war alkoholisiert. Niemand meinte, Aufmerksamkeit zu generieren in dem er herumalbert
und schrie. Niemand ass jemand einen Apfel. Es sind keine Kolben
gezapft worden beim Countdown. Amerika ist so anders als die Schweiz.
Viel, viel angenehmer. Alkohol ist ein Gift für die Gesellschaft - ni...

#38

Harlem → #46 | Connect with people → #39 |
Alcohol → #37 | Social media → #45

Es ist ein bisschen wie ein schlechter Witz. Es ist der erste Januar und ich hatte den ganzen Tag Kopfschmerzen. Dabei ist allgemein bekannt, dass ich eine 0 Toleranz für Alkohol habe (zumindest was mein eigener Konsum angeht). Egal. Die letzten Tage waren etwas schwierig. Die Öffnungszeiten der Bibliotheken haben mich ein ums andere Mal einen Strich durch die Rechnung gemacht ("The library is closing in 7 mins!"). Die Stadt war überfüllt mit Menschen. Und irgendwie war alles nicht so entspannt. New York hat mich das erste Mal ein bisschen geärgert und enttäuscht.

Mit diesem nachdänklichen Gefühl spazierte ich heute durch Harlem, die Sonne schien, ich hatte Hunger. Der Spaziergang an der Sonne, durch mein Harlem – und dann diese lustige Begegnung mit diesem anfangs eher düsteren Typen... das liess meine kleinen Sorgen schon wieder verfliegen. Es war ein wie Zeichen: New York mag mich. Und ich mag New York. Es wird mir erst jetzt bewusst, dass ich hier eine Art Liebesbeziehung führe. Mit dieser Stadt. Ich bin gespannt, wie sich diese Beziehung in den nächsten Wochen weiter entwickelt. Denn mein Plan nach Kalifornien zu fahren, ist glaube ich gerade so ein bisschen ins Wasser gefallen. Ich glaube ich bleibe einfach in New York. Denn das fühlt sich richtig an.

00112-0001

"I'm only now realizing that I have a kind of love affair here. With this city."

It's a bit of a bad joke. It's the first of January and I've had a headache all day. It's common knowledge that I have zero tolerance for alcohol (at least when it comes to my own consumption). Anyway. The last few days have been a bit difficult. The opening hours of the libraries kept interfering with my plans ("The library closes in 7 minutes!"). The city was crowded with people. And somehow things were not as relaxed as usual. For the first time, New York annoyed and disappointed me a bit.

I walked through Harlem today with this thoughtful feeling, the sun was shining, and I was hungry. The walk in the sun, through my Harlem—and then this funny encounter with this guy, who seemed sketchy at first… all that made my little worries disappear again. It was like a sign: New York likes me. And I like New York. I'm only now realizing that I have a kind of love affair here. With this city. I'm excited to see how this relationship develops over the next few weeks. Because I think my plan to go to California just might have gotten derailed. I think I'm just going to stay in New York. Because it feels right.

Nachdem das alles ein bisschen schwierig war die letzten Tage, habe ich mir heute vorgenommen, mich wieder dem ~~stinternormalen~~ New Yorker Alltag zu widmen. Sprich: In einem Public Library an meinem Auftrag arbeiten. Endlich habe ich mir mal Zeit ~~in der Jefferson Library~~ genommen. Ein altes Kellergewölbe.

Danach ging ich mit meinen Hosts an eine private Geburtstagsparty. in einem Künstlerresidenzhaus. Es war sehr familiär und spannend. Die Gäste hatten zwar alle irgendwie etwas mit Kunst oder Design zu tun, waren aber doch sehr divers: jung, alt, gross, klein, dick, dünn, amerikanisch, französisch, türkisch, libanesisch. Ein kunterbunter Haufen. Speziell die Frauen – die klar in der Überzahl waren – haben sich richtig raus geputzt und gestylt, wie man es sonst nur aus Filmen kennt.

Das auffälligste aber waren die Smartphones. Ständig wurde fotografiert oder gefilmt, Instagramkontakte ausgetauscht und auch sonst sehr bemüht, mit jedem mal ins Gespräch zu kommen. Es war, als würde das Fest gar nicht stattfinden, wenn man es den nicht Eingeladenen nicht beweisen kann. Da war ich natürlich ein Exot, der dieses Social Media nicht so wirklich kennt – obwohl ich mir gestern einen Instagramaccount erstellt habe. Das ist hier einfach Pflicht.

<u>Zusammenfassung der Unterschiede:</u>

1. Generationenübergreifend (sehr gut)
2. Verschiedene Nationen (schon fast normal für New York)
3. Akribische Dokumentation mit Smartphones (naja...)

Ruedi Meier
Galerie Muster–Meier
Bürglenstrasse 35
3006 Bern
SWITZERLAND

00112-0001

Etwas, was von New York ebenso schlecht wegzudenken ist wie die Hot-Dog-Carts sind die Security-Leute. Sie stehen eigentlich überall herum. Vor Gebäuden, in Gebäuden, an Strassenkreuzungen, in Parks... überall! Sie sind meist ein Hünenger, vor allem wenn es kalt ist und sie ihr Gesicht der Kälte wegen vermummen – und dadurch eher bedrohlich statt schützend wirken.

Ein Securityman hat es mir besonders angetan. Und zwar steht der tagein tagaus vor dem Haupteingang der Empire States Building an der 5th Avenue. Er ist quasi die Personifizierung des Gebäudes: Gross, stolz, kräftig, schwarz und irgendwie aus einer anderen Zeit kommend. Er strahlt Würde und Bestimmtheit aus. Durch seine dunklen Brillengläser kann man seinen Blick nur erahnen. Er ist wachsam, er beobachtet. Und solange man sich nach seinen Regeln verhält, lässt er einen in Ruhe. Ich mag ihn.

"Just like the hot dog carts, it is hard to imagine New York without security guards."

Just like the hot dog carts, it is hard to imagine New York without security guards. They are everywhere. In front of buildings, inside buildings, at intersections, in parks... everywhere! They're usually eye-catching, especially when it's cold and they cover their faces to protect themselves from the cold—making them look more threatening than reassuring.

I'm particularly fond of one security guard. He stands in front of the main entrance of the Empire State Building on 5th Avenue, day in and day out. He is practically the personification of the building: tall, proud, strong, black, and somehow from another era. He exudes dignity and determination. You can barely make out his eyes through his dark glasses. He is watchful, he observes. And as long as you behave according to his rules, he leaves you alone. I like him.

#41

Korea Town → #20 | Washington Heights Library → #65 | Burger → #3 | Salad → #22

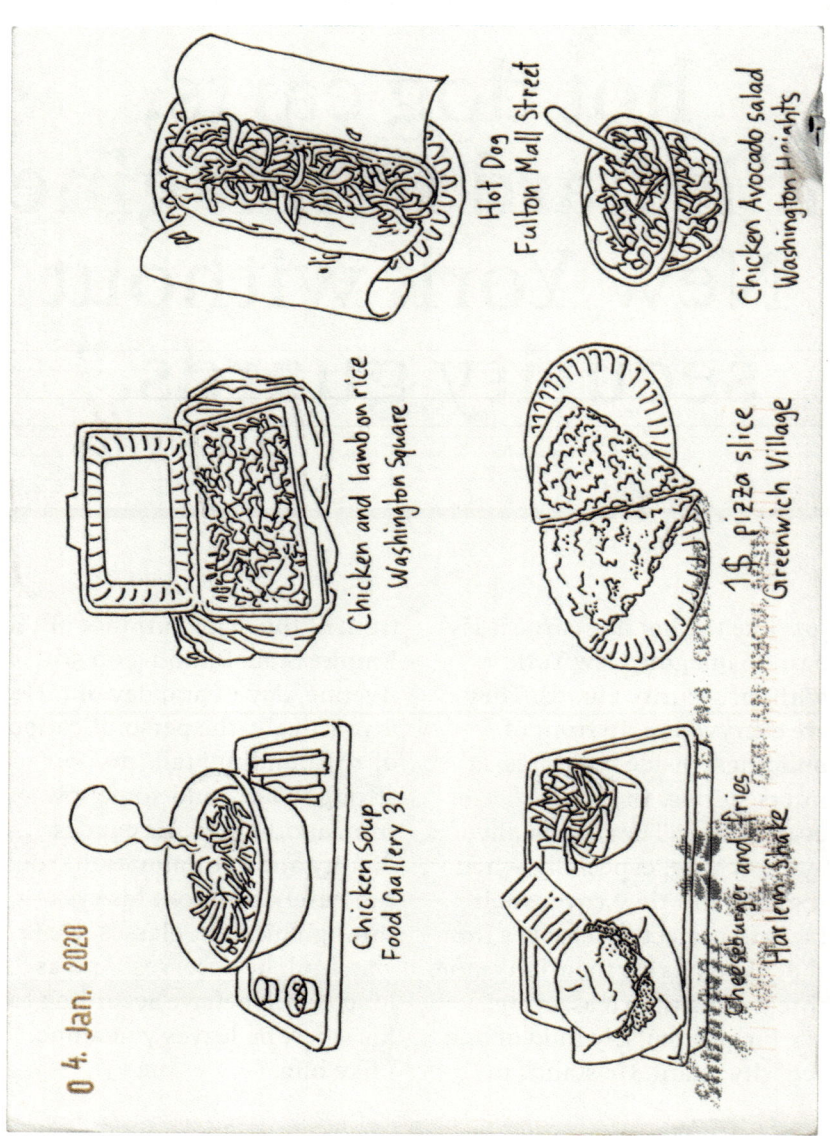

Diese Nacht habe ich sehr schlecht geschlafen. Immer wieder bin ich total verschwitzt aufgewacht. Mein Husten, den ich mir wahrscheinlich an der Geburtstagsparty eingefangen habe, scheint doch etwas ernster zu sein. Ausserdem gönne ich meinem Körper kaum eine Auszeit. Dazu kommt das Essen. Ich liebe es ja an und für sich hier. Und trotz der vielfältigen Auswahl, ist es doch immer irgendwie dasselbe. Zumindest in meinem Preissegment. Schmackhaft zwar, aber auch schnell und ungesund. Die letzten Tage war ich relativ appetitlos, wusste nicht wohin und was ich essen soll. Also habe ich einfach Mahlzeiten übersprungen. Das geht. Es gibt genug Ablenkung hier, die einem den Hunger vergessen lassen.

Deshalb bin ich heute in die Washington Heights. Hier gibt es sehr guten Salat (Ok, auch da ist Chicken drin). Ich konnte mich dort hinsetzen und in aller Ruhe essen. Das tut richtig gut! Erst jetzt habe ich bemerkt, dass ich essen schon lange nicht mehr sitzend zelebriert habe. Kein Wunder habe ich jetzt Fieber. Naja. Heute früh zu Bett und hoffentlich ist es morgen vorbei. Ich habe wieder einiges vor morgen...

|||·|·|·|||||·|·|||||·|·|·|·|·|·|·|||

#42

Find a friend → #64 | Generosity → #33 |
Lechonera La Piraña → #55

Lechonera La Piraña ist ein weiterer Insidertipp, den ich zu meiner Schande über youtube erhielt. Vielleicht ist es aber auch genau das, was meinen Besuch überraschend persönlich macht. Pirañas Wagen ist begehbar, was ich bisher in New York noch nicht gesehen habe. 3 Männer standen bereits im Wagen, als ich ankam, ich wartete draussen. Als Piraña mich durch die Tür sah rufe er gefreut: "Come in my brother!". Ich wusste, dass er berühmt für seinen Schweinebraten ist, den er über 8h im Ofen seiner Mutter schmort. Der Ofen steht übrigens auf offener Strasse, ca 100 Schritt vom Wagen entfernt. "Chop! Chop!" knallte es, als ob ein Pistolenschuss abgefeuert wurde. Piraña hackt traditionsbewusst das Schweinefleisch mit der Machete: "Try!" So saftiges und zartes Schweinefleisch habe ich noch nie gegessen. Dazu rauchiger Reis mit Bohnen und ein Becher Schweinesuppe, den mir Piraña offerierte. Überhaupt ist es sehr freigiebig. Geschätzt die Hälfte seiner Kundschaft isst bei ihm umsonst. Entweder weil sie Gegengeschäfte haben wie etwa der Chinese vom Laden gegenüber oder weil sie ganz einfach kein Geld haben und es auch sonst etwas schwer haben im Leben wie etwa der Alkoholiker, der mir freundig erklärt, wie gerne er mit Pirañas Machete den Kopf eines Polizisten abhacken würde. Piraña verurteilt keine Leute. Er nimmt sie, wie sie sind und teilt mit

Happy new year, nigga!

BS: Heute hat mich zum ersten Mal ein Schweizer "Nigga" genannt. Ich bin stolz darauf.

Piraña bestand darauf, ein Foto von ihm und dem Schweinebraten zu machen

immer ... und seine Lebensfreude. Ich komme wieder!

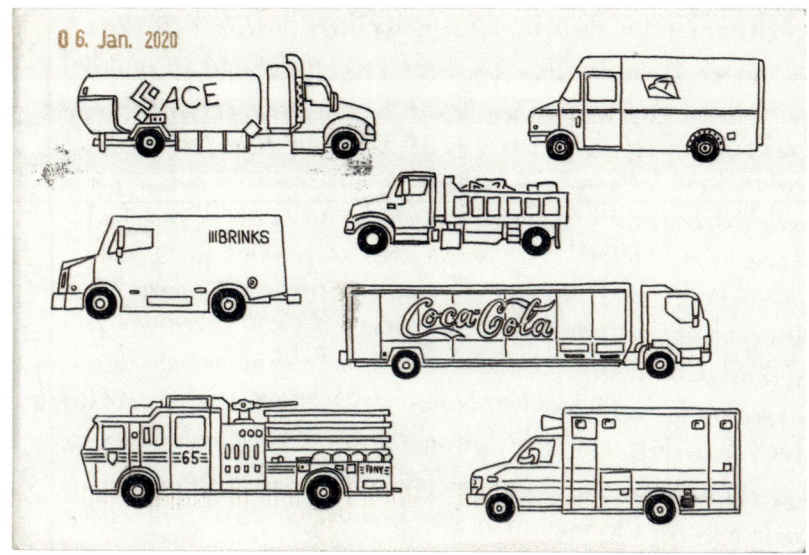

Vorgestern lag ich lange mit meiner Erkältung im
Bett. Erst am Nachmittag schaffte ich es dann in die
Bibliothek, wo ich mich wortwörtlich durcharbeite bis
am Abend. Von New York habe ich nichts mitbekommen. Stimmt
nicht. Mir ist ein Geldtransporter aufgefallen. Anlass genug,
endlich mal ein paar imposante Fahrzeuge von New Yorks
Strassen zu zeichnen. Verkehr in New York scheint ein grosses
Thema zu sein. Zumindest werde ich aus der Schweiz immer wieder
darauf angesprochen. Es ist nicht halb so schlimm, wie man
vielleicht glaubt. Es hat ja Platz. Sehr viel Platz. Und New Yorker
sind im Allgemeinen sehr rücksichtsvoll. Was mich aber fasziniert
sind die teilweise sehr grossen Autos. Lieferwagen, Trucks, Feuer-
wehrautos, Krankenwagen. Ständig ist wer unterwegs und
bringt Sachen von Hier nach Dort und wieder zurück. New
Yorks Strassen kommen mir oftmals vor wie der Zugang zu
einem Ameisenhügel, wo fleissige Ameisen ohne sichtbare
Kommunikation Sachen herbeischleppen. Zu komplex, um es
als Ganzes irgendwie zu verstehen und doch funktioniert es.
Jede Ameise weiss instinktiv, was es zu tun hat. Es ist ein über-
wältigendes Gefühl, mit diesem Gedanken im Kopf durch die
Strassenschluchten zu spazieren. Ich fühle mich dann wie ein kleiner
Junge, kaum wissend, aber neugierig und verzaubert. PS: Diese Karte
könnte im Auto oben rechts verstaut werden. Eines von vielen Modellen

der amerikanischen Post. PPS: Ich werf diese Karte in den goldenen Briefkasten am Grand Central.

The day before yesterday I was in bed for a long time with a cold. It wasn't until the afternoon that I made it to the library, where I literally worked without a break until the evening. I didn't notice anything about New York. That's not true. I noticed an armored car. Reason enough to finally draw some of the impressive vehicles found on the streets of New York. Traffic in New York seems to be a big topic. At least that's what people from Switzerland keep asking me about.
It's not as bad as you might think. There is space. Lots of space. And New Yorkers are generally very considerate. But the sometimes-big cars fascinate me. Limousines, trucks, fire engines, ambulances. People are always moving, taking things from here to there and back again. New York's streets often seem like the entrance to an anthill, where busy ants carry things around without any visible communication. It's too complex to understand completely, and yet it works. Each ant instinctively knows what to do. It's an overwhelming feeling to walk through the urban canyons with this thought in my head. It makes me feel like a little boy, barely knowing anything, but curious and enchanted.

PS: This card could be tucked away in the upper right truck. One of many truck models of the American Postal Service. PPS: I'll put this card in the golden mailbox at Grand Central.

"New York's streets often seem like the entrance to an anthill, where busy ants carry things around without any visible communication."

Eat & Drink

Favorite Restaurants

- Barney Greengrass
  (traditional Jewish food) → #19
  541 Amsterdam Ave, New York, NY 10024

- Bob's Mountain Grocery → #13
  790 Wolcott Ave, Beacon, NY 12508

- Bunna Cafe → #7
  1084 Flushing Ave, Brooklyn, NY 11237

- Cannoli King, Caffé Palermo
  (Little Italy) → #77
  148 Mulberry St, New York, NY 10013

- Food Gallery 32 (Korean
  market hall) → #20
  11 W 32nd St, New York, NY 10001

- The Foundry Rose (pancakes)
  → #13
  55 Main St, Cold Spring, NY 10516

- Gotham West Market → #73
  600 11th Ave, New York, NY 10036

- Harlem Shake → #41
  100 W 124th St, New York, NY 10027

- Pizza Stop ("I'll fix it later")
  → #23 | #44 | #57
  2166 Frederick Douglass Blvd,
  New York, NY 10026

- Sylvia's – Queen of Soulfood
  → #13
  328 Malcolm X Blvd, New York, NY 10027

- Tasty Deli → #57 | #85
  4020 Broadway, New York, NY 10032

Best Food Carts

- Halal Cart → #5 | #61
  315 Lafayette St, New York, NY 10012

- Lechonera La Piraña
  → #42 | #55 | #77
  766 E 152nd St, Bronx, NY 10455

- Mama Jo's Breakfast Cart
  → #79 | #87 | #88
  E 47th St & Park Ave, New York, NY 10017

- Mo's Burgers → #34
  153 Malcolm X Blvd, New York, NY 10026

A–Z

Overheating → #58

Ich weiss nicht, ob man es meinen letzten Karten ansieht, aber die letzten Tage war ich nicht so motiviert. Ich hatte Fieber und war gestresst, weil ich noch immer nicht weiss, wo ich ab nächster Woche schlafen werde. Peter versorgte mich mit ominösen Tabletten, die kurzfristig wirkten. Ich trank Ingwertee wie ein Wahnsinniger, und Fruchtsäfte. Wirklich besser wurde es nicht. Heute morgen habe ich Blut geschneuzt und ich wusste, dass ich etwas gegen diese trockene Innenluft unternehmen muss. Ich muss dazu sagen, dass man in New York als Mieter keine Heizung regulieren kann. Die läuft einfach auf Hochtouren, ist es zu heiss, kann man das Fenster öffnen oder noch besser die Klimaanlage einstellen. Resultat: Draussen ist es kalt, windig und feucht, drinnen heiss, stickig und trocken. Kein Wunder, dass man da krank wird. Ich glaube, ich habe heute eine Erkältung zum ersten Mal damit überwunden, dass ich meine Umgebung anpasste. Ein Luftbefeuchter bläst jetzt ununterbrochen Dampf in mein Zimmer. Ich hielt heute Mittag mein Kopf ganz nahe an den Befeuchter und lauschte mehrere drei Fragezeichen Folgen so. Jetzt geht es mir schon viel besser. Ich kann wieder atmen! Ich kann mich wieder auf New York einstellen. Ich hab wieder Bock auf Pizza bei "I'll fix it later!" (gibt vielleicht mal noch ne Karte über ihn). All die einfachen Dinge, die mich anfingen zu langweilen, weiss ich nun wieder zu schätzen! NEW YORK! I'M BACK!

0 8. Jan. 2020

Ich mache es mir heute einfach mit der Karte. Ich werde einfach die nächste rechte Seite aus meinem Skizzenbuch raus-reissen und draufkleben. Lustigerweise handelt es sich bei der Seite genau um die Mitte des Skizzenheftes, welches ich am 21. Dezember (der kürzeste Tag im Jahr) angefangen habe. Ich bin hier sehr produktiv! Vor allem heute. Ich habe mein Zimmer wieder in Ordnung gebracht, habe mich wieder in Ordnung gebracht (najn, der Bart dürfte mal wieder getrimmt werden), habe meine Post-karten fertig gemacht, mein brandneues Instagramm gefüttert, meine Ausstellung in Bern übernächstes Wochenende organisiert, Farb-korrekturen eines längst abgeschlossenen Auftrages gemacht und mein aktueller Auftrag so vorangetrieben, dass ich morgen voller Elan zeichnen kann. Oh nur halb. Ich hab ja noch eine Verabredung mit Julian für Morgen organisiert. Und am Freitag hab ich auch schon Pläne.

Irgendwie habe ich das Gefühl, die Balance zu verlieren... Ist gerade alles ein bisschen viel!

NEW YORK

ARBEIT

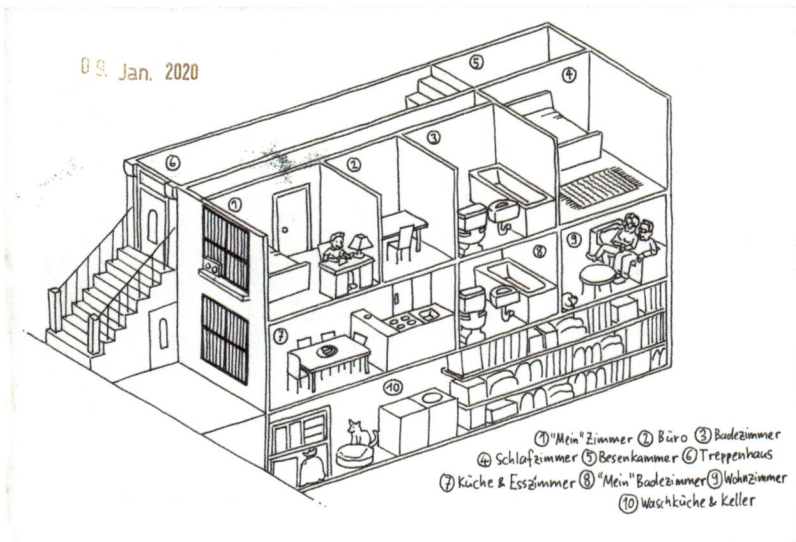

09. Jan. 2020

① "Mein" Zimmer ② Büro ③ Badezimmer
④ Schlafzimmer ⑤ Besenkammer ⑥ Treppenhaus
⑦ Küche & Esszimmer ⑧ "Mein" Badezimmer ⑨ Wohnzimmer
⑩ Waschküche & Keller

Es ist langsam an der Zeit zu erklären, wie ich wohne. Zumal
ich wahrscheinlich schon bald umziehen muss oder besser will. Es
wird langsam eng, wenn Beni wieder zurück kommt. Florence
hat mir zwar angeboten, dass ich für $40 pro Nacht im Wohn-
zimmer übernachten kann. Das ist ein faires Angebot. Die Miete
in New York ist gut doppelt so hoch wie in Bern. Mindestens.
Ein Zimmer für $1500 ist hier ziemlich normal.

Es ist ein typisches Haus für Harlem. Mit der für mich sehr
anziehenden Treppenaufgang vor dem Haus, wo man sich im
Sommer hinsetzen und Leute beobachten kann (Mann! Wie gerne
würde ich das im Sommer machen!). Die Treppen haben übrigens
einen spezifischen Namen. Man nennt sie stoops.

Florence und Peter haben aus zwei Wohnungen eine gemacht, des-
wegen sind die beiden Badezimmer auch identisch. Was ich mir
allerdings jetzt erst überlege, ist ob sie die Treppe vom Tief- zum
Hochparterre dafür extra gebaut haben. Hm... Jedenfalls ist der
Grundriss der Wohnung extrem schmal, der Gang zwischen Treppenhaus und Zimmer ist wahrscheinlich keinen Meter breit. Das macht
es sehr dunkel (weswegen einige Lichter immer zu brennen haben)
und etwas sticky. Nichts desto Trotz fühle ich mich hier sehr wohl
und es stresst mich, dass es zu Ende geht. Vor allem die Lage. Für
mich ist Harlem genau hier, der Nabel von New York, ach was! Von der Welt!

#47

Ich bin gerade etwas überwältigt! Was für ein Tag! Was für ein Leben! Was für eine Stadt! Am Morgen habe ich mit Bern geskypt. Wir sind gerade daran, eine Art Verband für Illustratoren zu gründen. Ich meine wie krass ist das denn?! Ich bin hier in New York und klinke mich per Videochat mal eben in ein Büroraum im Monbijou! Verrückte Zeiten! Am Mittag hatte ich ein Rendezvous mit Karen. Sie arbeitet an der Columbia University im grössten Archiv für US-Comic-Kunst. Sie bereitete mir eine Auswahl vor, die sie mit einem Karren vorfuhr. Zusammen haben wir fast 1,5 Stunden gestaunt, analysiert und ausgetauscht. Der Plan war dann in den Washington Heights noch etwas zu arbeiten. Aber die Sonne schmeichelte mich so sehr, dass ich mich, kaum oben angekommen, dazu entschliess, runter zur Fähre zu fahren und nach Staten Island zu pilgern (mit der gratis Fähre). Ich habe es etwas provoziert, den Sonnenuntergang zu sehen. Hat nur halb geklappt, der Horizont war verhangen. Aber hinter der Skyline von Brooklyn leuchtete etwas Eigenartiges. Erst beim dritten Hinschauen realisierte ich, dass es der rosa leuchtende Vollmond war, seltsam verzogen und schon fast bedrohlich gross. Spektakulär!
Ein Dicker in der U-Bahn find meine Skizzen "impressive", Kinder mochten sie. Ein Typ machte seinem Ärger Luft, dass ich ihm die Notausgangtüre am Bhf nicht aufhielt, dann schüttelte er mir die Hand, ein Latino bedankte sich eben 5mal für einen Hinweis, dass sein Natellicht eingeschaltet ist, ich habe im Texas Chicken auch Nachbarn kennen gelernt, und er meinen zukünftigen Mitbewohner an der 171st St. New York ist gut!

(Ich weiss in diesem Moment noch nicht, was auf der Vorderseite abgebildet ist...)

#48

Gestern hat die Sonne geschienen. Ich konnte gar nicht anders, als in den Central Park. Die halbe Stadt war dort. Und dann ist es wieder eskaliert. Ich ging noch spontan nach Brooklyn, lief durch den Green Wood Cemetery. Beeindruckend! Diese Stille! Und die chaotische Anordnung von Grabsteinen und Mausoleen. Der versprochene Ausblick auf Manhattan war jedoch enttäuschend. Es war schon früher Abend, als ich merkte, dass ich richtig hungrig war. Chicken on rice bei meinem Inder haben geholfen. Endlich konnte ich es auch ohne Hast draussen essen. Kaum eine Stunde später gab es Chinanudeln. Und bald darauf japanische Omeletteglace. Mir war danach etwas schlecht. War wohl etwas zu viel. Und so überquerte ich dann die Brooklynbridge und ging zu meinem Lieblingsort in Dumbo. (Down Under Manhattan Bridge Overpass) und genoss die spektakuläre Skyline, die majestätische Brooklynbridge im Vordergrund. Ein guter Tag!

PS: Zwischen den Nudeln und der Glacé machte ich noch einen kurzen Abstecher in eine Spielhalle. Da gab es zwei Jungs, die wahrscheinlich übers Wochenende nichts anderes machen, als dieses Tanzspiel zu spielen. Mit den Füssen muss man richtig schnell und im richtigen Timing übergrosse Knöpfe am Boden drücken. Und ich meine richtig schnell bei haben dafür extra Sportkleidung mitgenommen. Ihre normale Kleidung lag zusammengewurstelt in einer Ecke...

#49

Chinatown → #59 | Little Italy → #77 | ATM → #31 | Cash → #19 | Chinese food → #48

Die globale Erwärmung nimmt auch in New York nicht
Halt. Es ist Mitte Januar und das Thermometer stieg heute
teilweise auf 19°C! Es war ein unglaublich angenehmes Ge-
fühl, durch die Strassen New Yorks zu flanieren, die dünne
Übergangsjacke über die Schultern geschlagen und den warmen
Wind zu spüren. Manchmal gibt es diesen Moment der absoluten
Glückseligkeit. Wo man sich nichts mehr wünscht, als einfach den
Moment zu geniessen. So ging es mir heute Nachmittag.
Zur Karte: Was mir in China Town schon immer aufgefallen ist,
sind die vielen Geldautomaten auf offener Strasse (ATMs). ATMs
gibt es in New York fast überall, aber bevorzugt in Geschäften oder
in separaten Eingängen von Banken. Auf offener Strasse sind sie selten.
Ausser in Chinatown. Da stehen sie alle paar Meter. Ich frage mich
lange, weshalb. Gestern ist mir dann aufgefallen, dass viele Restaurants
in China Town nur Cash nehmen. Auch eine Seltenheit in New York.
Das Essen ist dort teilweise auch spottbillig. Und lecker. Naja, mein
Tipp gestern war bescheiden. Jedenfalls habe ich mir heute die
ganze Sache so erklärt, dass in China Town fleissig Geld ge-
waschen wird. Das geht am besten mit Bargeld. Und dieses
kann man dort, wie gesagt, überall problemlos beziehen. Es würde
passen. China Town ist wild, dreckig, mysteriös. Ich mag China Town
sehr, auch wenn sie Little Italy quasi schlucken. Spannender Ort!

#50

spontanes Sing-
konzert auf dem Bryant Park
Klo in der Bryant Park
Library...

Heute war wieder einmal so ein perfekter Tag. Ich bin
nun wieder komplett in New York angekommen. Meine alte
Kraft und Faszination für diese Stadt ist wieder da. Ich arbeite
hier sehr hart und viel. Und doch fällt mir hier alles irgendwie
leicht. Es fühlt sich auch alles so an. Nichts ist hier für immer.
Jeder Tag hat hier das Potenzial einzigartig zu sein. Selbst die
einfachste Routine wird hier zum Erlebnis und macht Spass.
Sogar der Toilettenbesuch. Alles und jeder hier hat das Potenzial
was besonderes aus meinem Tag zu machen. Der Hiphopverkäufer, der
seine CDs auf der Strasse verkauft, das Joggen durch den Central Park,
die für die Kinder abgesperrte Strasse, das Mittagessen beim Latino das
U-Bahn fahren. Es gibt so viel! Zum Glück habe ich noch etwas mehr als
einen Monat! Ps: Bimi ist wieder da.

"Nothing here lasts forever. Every day has the potential to be unique."

- "When there's no need to explain..."
- "Prrrt!!"
- Spontaneous concert in the bathroom of the Bryant Park Library

Today was another perfect day. I am completely back in New York. My old strength and fascination for this city is back. I work very hard and a lot here. And yet somehow everything is easy for me here. It feels that way. Nothing here lasts forever. Every day has the potential to be unique. Even the simplest routine becomes an experience and is fun. Even going to the bathroom. Everything and everyone here has the potential to make my day special. The hip hop vendor selling his CDs on the street, jogging through Central Park, the street that is closed for kids, lunch at a Latino restaurant, riding the subway... There is so much! Luckily, I have a little over a month left!

PS: Beni is back.

New York Public Library → #66 |
Chance encounter → #67

Heute habe ich mich mit Francesco in der Bryant Park Library verabredet. Ich habe ihn erst kürzlich ebenda kennengelernt. Wir sassen
uns gegenüber und bemerkten, dass wir beide zeichnen. Lustigerweise
begegneten wir uns heute eher zufällig im Gang der Bibliothek. Wir
hockten uns in die kleine Kaffeteria und unterhielten uns über das Leben
als Illustrator in New York (Francesco hat gerade sein Künstlervisum für
3 Jahre erhalten). Dann sprach uns eine ältere Dame an. Sie arbeitet
in der Bibliothek in der jüdischen Abteilung und ist begeistert von alten
Kulturen und Architektur wie man sie etwa in Florenz (Francesco) oder
Bern erleben kann. Spontan führte sie uns durch ihre Abteilung,
schwärmte von den architektonischen Details und den Wandmalereien.
Obwohl eigentlich nur für Recherche des jüdischen Archives bestimmt,
erlaubte Barbara uns, in ihrem Saal zu arbeiten. Eine willkommene
Abwechslung mit Blick auf die 5th Avenue. Und eine typische New
York Geschichte. Es ist genau das, was New York so aufregend
macht. Man weiss nie was als nächstes passiert...

15. Jan. 2020

Nach einem intensivem Arbeitstag war es heute endlich so
weit: Ich besuchte heute das schon fast legendäre Drinken Drawk NY 100
im Bat Haus bei Bushwick. Ehrlich gesagt kostete es mich ein
bisschen Überwindung. Ich habe immer etwas Mühe, mich in fremde
und doch etwas intime Räume zu begeben, wo es Leute
hat, die ich nicht kenne. Vor allem, wenn die Türe zu
diesem Raum so eng und düster ist und man nicht
genau weiss, was einem dahinter erwartet. Es hat sich
allerdings gelohnt. Hinter der ominösen Tür befand
sich ein mit Lampignon beleuchteter Raum, bereits
anständig gefüllt mit mehrheitlich jungen Menschen
so Mitte 20. Manche im Gespräch, nicht wenige sind aber auch alleine
da, was ich sehr positiv finde, weil ich denke, dass das in Bern
weniger der Fall wäre. Zum Beispiel Shannon. Sie hat sich erlaubt,
ihren Platz auf der schmalen Treppe zu beanspruchen, wofür ich mich
nie getraut hätte. So aber fiel es mir leicht, mich neben sie auf die
Treppe zu setzen und danach ging es ganz schnell und die Treppe war
voll. Nach einer kurzen Begrüssung ging es dann auch schon los. Was
mich irritiert hat, war, dass sie die Musik während dem Zeichnen noch
lauter gestellt haben. Ich habe mich aber schnell daran gewöhnt und
es machte mir Spass, in dieser Gruppe von etwa 100 Zeichnenden zu sitzen,
sehr abwechslungsreiche Musik zu hören und zu zeichnen.
PS: Auf dem Nachhauseweg habe ich in der U-Bahn einen Chilenen kennengelernt. Wir
unterhielten uns über Glückseligkeit. Zur Verabschiedung umarmten wir uns.

After an intense day working, today was finally the day: I went to the almost legendary Drink N' Draw at the Bat Haus near Bushwick. To be honest, it took a bit of effort. I always have a little trouble going into strange and somewhat intimate places where there are people I don't know. Especially when the door to the room is narrow and dark and you don't know exactly what's behind it. But it was worth it. Behind the ominous door was a lamp-lit room, already quite filled with mostly young people in their mid-20s. Some of them were talking to each other, but a lot of them were alone, which I think is very positive, because I think that would be less the case in Bern. Take Shannon, for example. She took the liberty of claiming her place on the narrow stairs, something I would never have dared to do. However, it was easy for me to sit next to her on the stairs and, soon after, the stairs were full. After a quick hello, we started. I found it irritating that they turned the volume of the music up while we drew. But I quickly got used to it and enjoyed sitting in this group of about 100 artists, listening to very diverse music and drawing.

PS: On my way home, I met a Chilean in the subway. We talked about happiness. When we said goodbye, we hugged each other.

"PS: On my way home, I met a Chilean in the subway. We talked about happiness. When we said goodbye, we hugged each other."

#53

125th Street → #59 |
Black community → #70

Heute war ich im legendären Apollo an der 125th St. Es gab da eine Comicveranstaltung. Es ging einerseits (sht sicher für das Apollo) um die Black Community in der Comicszene wie auch um die allgemeine Karriereplanung im Bereich Comic. Auf der Bühne sassen (ausschliesslich Schwarze) Zeichner, Autoren und Verleger. Aus zwei Gründen war der Abend für mich sehr interessant. Erstens: Die amerikanische Comicindustrie ist komplett anders aufgebaut als ich sie kenne. Es ist tatsächlich eine Industrie. Eine riesige Maschine. Der Satz „Comic books are one of the most collaborative art forms in the world!" von Joseph Illidge hat mich fast umgehauen. Ich würde Comiczeichnen als die einsamste Arbeit auf der Welt bezeichnen. In Amerika aber ist es anders. Vollstrukturiert. Da gibt es writers, pencilers, inkers, colorists, letterists, publisher... Die Schattenseite hat gegen Schluss Alitha Martinez aufgezeigt. Sie ist seit 20 Jahren im Geschäft, war die erste Schwarze Frau die sich durchgesetzt hat. Sie zeichnete u.a. Iron Man und Black Panther. Heute ist sie müde davon. Und hungrig. Sie will endlich ihre eigenen Comics machen. Neben solchen Blockbustern fast unmöglich. Das zweite, was mich fasziniert hat, war die allgemeine Tonalität. Die Leute auf der Bühne waren unglaublich locker und bescheiden, sie holten einem ab, gaben sehr ehrlichen und nüchternen Einblick in ihr Leben in der Industrie. Sehr positiv. Sehr lustvoll. Aber doch auch klar aufzeigend, wo die Schwierigkeiten und Risiken sind. Ich verliess das Apollo mit einem sehr guten Gefühl. Dem Gefühl, auf dem richtigen Weg zu sein.

#54

Butler Library → #68 | Tap, tap, tap! → #59

Heute bin ich schon wieder mit Beni in der Butler Library zum Arbeiten gewesen. Ich habe einen Weg gefunden, mich unter einem Vorwand in das ehrenwerte Gebäude zu schmuggeln. Als Tourist hat man sonst keine Chance. Die Columbia University ist eine international sehr bekannte Uni (schwankt immer zwischen Top 5 und 10)*. Es ist sehr gemütlich, sich in diesen kellerartigen Gewölben zwischen uralte Bücher zu setzen und sich in seine Arbeit zu vertiefen.

Wobei, wenn ich ehrlich bin, habe ich heute nicht so viel gearbeitet. Oder nicht an dem, was ich wollte. Eine gute Hälfte meiner Zeit verbrachte ich im Whatsapp, um die Ausstellung meiner Postkarten, die morgen eröffnet zu organisieren. Es gab im doodle eine Panne mit den verschiedenen Zeitzonen und ich musste da wieder für Klarheit sorgen. Verrückt, dass man von New York aus eine Ausstellung in Bern organisieren und koordinieren kann. Ich habe unglaublich tolle Freunde!
Und doch bin ich froh, wenn die Ausstellung dann vorbei ist...

The Bronx → #69 ∣ Subway → #57 ∣
Lechonera La Piraña → #42

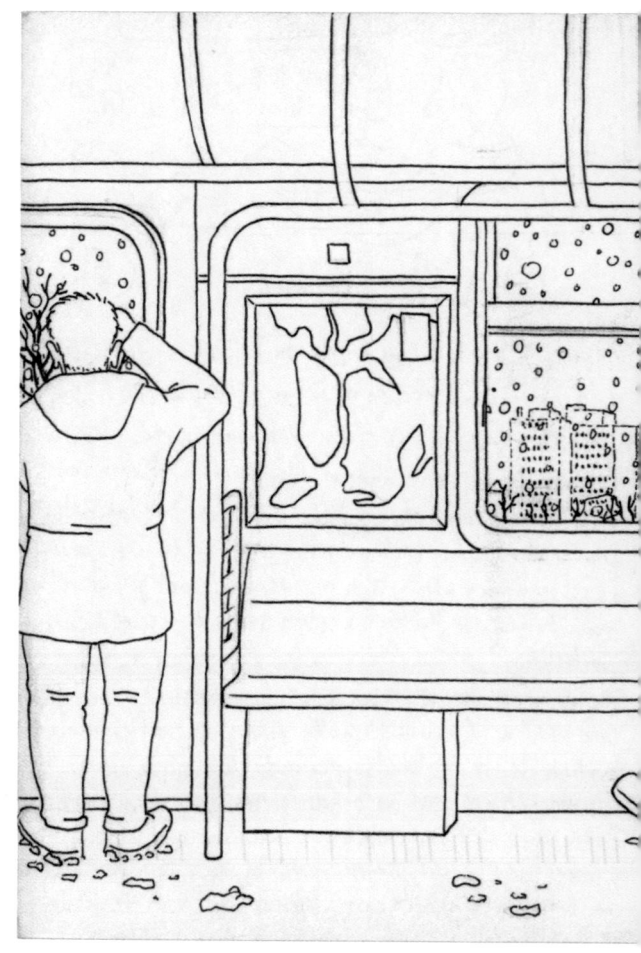

18. Jan. 2020

Was für ein entspannter Tag! Während wir den Haushalt machten, fing es leicht an zu schneien. Als wir gegen Mittag aus dem Haus gingen, lag bereits eine dünne Schicht Schnee. Wir fuhren mit der U-Bahn in die Bronx zu Piraña, dem Schweinebratenmeister. Ich freute mich schon die ganze Woche darauf (da er seinen Stand im Moment noch nur hobbymässig betreibt, heizt er seinen Ofen nur am Wochenende ein. Es lag bereits eine schöne Menge Schnee, als wir wieder Ausstiegen. New York im Winter! Darauf habe ich lange gewartet! Es ist superklasse! Wie eine Schicht Puderzucker auf einer Torte, auf die man auch so Bock drauf hat. Zauberhaft!

I don't like snow!

I'm just glad you're still here! Even with the snow!

Piraña dagegen fand den Schnee gar nicht toll. Wir trafen ihn draussen auf der anderen Strassenseite seines Wagens beim Ofen. Er brauchte etwas Zeit, bis er auftaute. Dabei war es in seinem Wagen unglaublich gemütlich! Den Eingang hat er mit einer durchsichtigen Plastik-

folie zugemacht. Kühles, helles Grelles Licht fiel in den warmen Bauwagen. Es war Skihüttenfeeling! Und der Braten: Wieder mal einsame Spitze!
Danach fuhr ich mit Beni in der Linie 2 bis zur Endstation in Wakefield. Es ist lustig, dass wir das beide mögen. Es ist schwierig, das zu beschreiben, wenn man in der Hochbahn fährt und über die Dächer New Yorks Aussenquartiere schaut. Es ist wie fliegen! Man sieht viel, man träumt vor sich hin. Die U-Bahn wird leerer und leerer. Und wir bleiben drin. Ich habe dann das Gefühl, dass mir die Stadt, was sage ich, die ganze Welt gehört. PS: Schnee auf U-Bahnboden ist sehr sehr rutschig!!!

Auch wenn, oder gerade weil, heute Sonntag ist, sind wir früh aufgestanden. Gestern
Schnee fiel, heute Sonne. In der Stadt war
der Zauber deshalb schon wieder vorbei.
Nicht aber in Cold Springs, wo wir wieder
einmal unseren 3h Lauf durch Schnee,
Berge und Wälder nach Beacon machten.
Als wir losliefen hatte ich ein ungutes Gefühl. Nicht schon wieder! Man könnte es
sich doch auch etwas gemütlich machen
und die Stadt geniessen! Aber der Schnee
und die Sonne... Wow!
Heute ist leider meiner letzter Tag bei Breni
an der 123. Höchste Zeit von Duvall und
Jolly zu erzählen. Duvall ist vor sich hin
vegetierender Mops. Sie haben ihn aus dem
Tierheim. Schon damals war er blind und
taub und trug Windeln. Wenn er nicht schläft,
rutscht er orientierungslos auf dem glatten
Boden herum und schnuppert und grunzt nach
Essen. Jolly ist Peter zugelaufen. Sie ist sehr
elegant und gepflegt, doch der Schein trügt. Sie
ist sehr frech und ich habe noch nie so ein lautes
Miauen gehört. Davon macht sie gerne grundlos
Gebrauch. Beide werden vegan ernährt, Duvall

Gestern war ein sehr unbefriedigender Tag. Ich kam überhaupt nicht zu dem, was ich eigentlich wollte. Der Umzug hat mehr Zeit in Anspruch genommen als erwartet. Vor allem auch weil Mark mir einen nicht kompatiblen Schlüssel gegeben hat und ich das erst spät bemerkt habe (aber zum Glück doch noch rechtzeitig). Mit meinen Kursen bin ich etwas hinter drein und ich solle jetzt diese Woche endlich die Vorzeichnungsphase meines Auftrages abschliessen. Ich bin einigermassen unter Druck, und doch kann ich komplett abschalten, wenn ich einfach so ein bisschen durch die Strassen spaziere, die Architektur und die Menschen studiere. Heute habe ich auch wieder in der U-Bahn gezeichnet, dass habe ich die letzten 3 Tage vermisst. Als ich ausstieg, bemerkte ich, wie sich meine Mundwinkel unbewusst verformten und zu einem breiten Grinsen formten. Es war mir etwas peinlich und ich musste einfach ein bisschen vor mich hin lachen. Ohne zu verstehen warum. Ich glaube es war ein Ausdruck voller Zufriedenheit. Und Dankbarkeit. Was ich hier mache und erlebe ist verrückt. Und vor 4-5 Monaten absolut undenkbar. Vielleicht war es auch Ausdruck von Stolz, dass ich diesen Schritt ins Ungewisse gewagt habe.

What the fuck!?

Hehehe!

Eeeek!

Eine weitere amüsante Strassenszene...

Meine erste Nacht im neuen Zimmer war nicht sehr angenehm. Mark hat mir noch bei der Besichtigung gesagt, dass
die Heizung (oder besser der Ofen) in der Nacht manchmal
etwas gurgelt. Beides ist untertrieben. Es klingt, als würde es
draussen stürmen und irgendwelche Kabel schlagen auf Metall-
flächen. Und mit manchmal dachte ich vielleicht so 2-3
mal pro Nacht. Es sind aber eher 2-3 mal pro Stunde. Manchmal (also 2-3 mal pro Stunde) zischt die Heizung auch wie eine
Dampflokomotive und es kommt tatsächlich Dampf aus einer
Art Minikamin.
Dazu kommt der Lärm der Strasse. Ich Mein Zimmer ist zwar
direkt auf den Highbridge Park ausgerichtet, aber das will nichts
heissen. Die Amsterdam Av scheint auch in der Nacht gut befahren
zu sein bzw ich glaube nicht, dass es hier zeitliche Einschränkungen
für Lastwagen gibt. Ergänzend muss ich noch sagen, dass es im
Moment etwa -6C° ist, das Fenster aber über Nacht selbstverständlich
weit offen war. Sonst wäre ich wahrscheinlich geschmolzen.
Heute habe ich ausserdem die Erstausgabe von Black Panther im Comic Aktiv
besichtigen wollen. Ich wurde (mal wieder) fotografiert, musste meinen
Rucksack, Jacke etc abgeben, die Hände waschen und dann in einem separaten,
komplett verglasten Raum warten. Nach fast einer Stunde kam die Er-
nüchterung: Die Ausgabe ist unauffindbar.

#59

Chinatown → #62 | East Harlem → #70 |
125th Street → #6 | Taking pictures → #69 |
Tap, tap, tap! → #64 | Duck → #31

Der gestrige Tag hat etwas holprig angefangen. Eine etwas enttäuschende und aggressive E-Mail aus der Schweiz musste entwaffnet werden. Das gute an E-Mails ist, dass man seine Emotionen hinter trockenen Buchstaben verstecken kann. Ansonsten habe ich wieder viel gearbeitet wie die letzten Tage auch. Etwas schade, aber so schade auch wieder nicht. In New York macht Arbeiten einfach Spass! Ich glaube es hat auch damit zu tun, dass man sich den Raum und die Zeit fürs Arbeiten auch erarbeiten muss. Am Nachmittag habe ich mir dann allerdings gesagt, dass es mal endlich wieder Zeit ist, die Stadt zu erleben – und Material für meine Karte zu sammeln. Was soll ich sagen? New York enttäuscht mich nie! Viele sagen ja, New York sei eine grosse Stadt. Das stimmt nicht wirklich. New York ist eher eine kleine Welt. Ein Mikrokosmos. Ich war heute in Spanish Harlem, bei den Latinos, dann runter an die 125th (my love!) zu den Afros, weiter nach Brooklyn zu den Hippsters und schliesslich ab nach China Town, welches komischerweise wie leergefegt war. Ich weiss nicht warum. Normalerweise wird es immer überrollt. Gestern war es wie ausgestorben. Nur vereinzelt Leute, eigentlich fast ausnahmslos Chinesen. Die beschrifteten Schilder kamen so sehr gut zur Geltung. Wunderbar. Ich ging wieder in diesen Laden, wo ich damals Geno kennengelernt habe. Praktisch leer. Nur ein paar Chinesen sassen am runden Tisch beim Eingang. Als ich die Szene betrat, schauten sie alle erstaunt auf, musterten mich und widmeten sich schliesslich wieder ihrem Gespräch.

"A lot of people say that New York is a big city. That's not really true. New York is more like a small world. A microcosm."

Yesterday got off to a bumpy start. I had to deal with a somewhat disappointing and aggressive email from Switzerland. The good thing about emails is that you can hide your emotions behind dry letters. Apart from that, I've been working a lot again, just like the last few days. A bit of a shame, but then, not a shame at all. Working in New York is just fun! I think it has something to do with the fact that it takes effort to find time and space to work. In the afternoon, however, I told myself that it was about time to experience the city again—and collect material for my cards! What can I say? New York never disappoints! A lot of people say that New York is a big city. That's not really true. New York is more like a small world. A microcosm. Today I was in Spanish Harlem with the Latino community, then down to 125th (my love!) with the African Americans, on to Brooklyn with the hipsters, and finally off to Chinatown, which was strangely empty. I don't know why. Usually, it's crowded. Yesterday, it was deserted. Just a few people, almost all Chinese. Which made all the signs really stand out. Wonderful. I went back to the shop where I met Geno. Practically empty. Just a few Chinese people sitting at the round table by the entrance. When I entered the scene, they all looked up in amazement, scrutinized me, and returned to their conversation.

2 3. Jan. 2020

Heute mache ich es mir wieder einfach und klebe einfach meine
aktuelle Seite aus meinem Skizzenbuch auf die Karte. Das Skizzieren
in der Subway ist für mich ein wesentlicher Teil meines New York
Erlebnisses. Die Menschen und Gesichter hier sind unglaublich inspirierend!

Meine Zeichnungen scheinen viele zu berühren. Neulich schaute sich eine
junge Frau durch mein Heft und meinte, dass das für sie ein Ausdruck
einer einsamen Gesellschaft sei und genau diese Stimmung wiedergebe,
welche sie in der U-Bahn halt erlebt. Alle sind mit sich selbst (bzw.
ihrem Smartphone) beschäftigt. Ich habe ehrlich gesagt keine Intention,
mit meinen Zeichnungen etwas auf eine Metaebene ausdrücken zu
wollen. Es klingt sehr banal und klischeehaft, aber wenn ich in der
U-Bahn sitze, zeichne ich was ich sehe. Und ich empfinde das U-Bahn-
fahren an sich immer sehr positiv. Vor allem auch dank dem Zeichnen.

Die Fahrten sind mir meistens zu kurz.

Zu der Diversität, die ich in der letzten solchen Karte angesprochen zu
haben meine, habe ich noch eine Bemerkung. New Yorks Strassen sind
tatsächlich mit allen Gattungen besetzt. Aber etwas ist mir erst jetzt
aufgefallen: Es gibt keine alten Menschen. Vor allem in der U-Bahn nicht.
Das wäre zu anstrengend mit allen Treppen. Viele ältere Wohnhäuser
haben auch keinen Lift, habe ich nun herausgefunden. Ich sage ... nicht
alte Menschen aus so ... kommen ... Wenn man schlecht zu Fuss ist, frisst einem die Stadt auf.

Ruedi Meier
Galerie Muster-Meier
Bürglenstrasse 35
3006 Bern
SWITZERLAND

"Sketching in the subway is an essential part of my New York experience."

Today I'm going to keep it simple and just stick the current page from my sketchbook on the card. Sketching in the subway is an essential part of my New York experience. The people and faces here are incredibly inspiring! My drawings also seem to touch people. The other day, a young woman was looking through my notebook and said that to her, my drawings were an expression of a lonely society and reflected exactly the mood she experienced in the subway. Everyone is preoccupied with themselves (or their smartphones). To be honest, I have no intention of expressing anything on a meta level with my drawings. It sounds very banal and cliché, but when I'm on the

subway, I draw what I see. And I always find riding the subway very positive. Especially thanks to drawing. The trips are usually too short for me.

I have one more comment about the diversity that I think I mentioned on the last card. The streets of New York are indeed populated by all kinds of people. But I just now noticed something: There are no old people. Especially not on the subway. That would be too strenuous with all the stairs. I've also discovered that many apartment buildings don't have elevators either. I don't think old people can get out of their houses that way, let alone get around the city. If you're not good on your feet, the city eats you up.

#61

Hip hop history → #27 | Halal food → #5

New York hat mir zum Geburtstag einen sonnigwarmen Tag geschenkt. Leider hat mein Insidertipp unten am Washington Square auch heute seinen Wagen nicht hingestellt. Also ging ich kurzerhand zu meinem Freund aus Bangladesch (nicht Indien). Er freute sich wie üblich mit seiner krächzenden Stimme mich zu sehen. Als ich ihm mitteilte, dass heute mein Geburtstag ist, stimmte er spontan ein Liedchen ein, während er an seinem Grill hantierte.

Abends gingen wir dann ins Hiphopmuseum. Sie zeigten einen Dokfilm über die 70er Jahre in New York. Krass wie sich das verändert hat! Sie zeigten, wie die Jungen damals für ihre Blockparties Strom von den Strassenlaternen abzapften und über lange Strecken zu ihren Anlagen führten. Unvergesslich auch der Blackout damals. Die ganze Stadt war für eine Nacht ohne Strom. Plünderungen waren die Folge. Talentierte Musiker holten sich damals ihr lang ersehntes Equipment aus den Läden. Ein unglaublich wichtiger Grundstein für Hiphop! Ich überlegte mir, warum die Welt so ist, wie sie ist. Hätte man diesen Hunger und Kreativität nicht einfach anerkennen und fördern können? Wäre das entstanden, wenn es gefördert worden wäre? Das Hiphopmuseum bewegt mich und meine Gedankenwelt schon wieder.

Nach dem Film erzählte Rocky, dass das einzige, was er von dieser Zeit vermisse, die Offenheit sei. Früher sei es normal gewesen, dass Latinos, Schwarze, Weisse, alle miteinander feierten. Heute sei das wieder getrennt. Ich verliess das Museum mit einigen Fragen in meinem Kopf...

New York gave me a warm and sunny day for my birthday. Unfortunately, my insider tip down at Washington Square didn't show up with his food truck today either. So, instead, I went to see my friend from Bangladesh (not India). As usual, he was happy to see me with his croaky voice. When I told him it was my birthday, he spontaneously sang a little song while he was working on his barbecue.

In the evening we went to the Hip Hop Museum. They showed a documentary about the 70's in New York. It's amazing how things have changed! They showed how young people used to tap electricity from streetlights for their block parties and run wires along long distances to their sound systems.

The blackout was also memorable. The whole city was without electricity for one night. There was looting. Talented musicians got their long-desired equipment from the stores. An incredibly important cornerstone for hip hop! I thought about why the world is the way it is. Couldn't this hunger and creativity have been recognized and encouraged? Would this have happened if it had been encouraged? The Hip Hop Museum moves me and my thoughts again.

After the movie, Rocky said the only thing he missed about those days was the openness. It used to be normal for Latino people, African Americans, and white people to party together. Now, it is more segregated. I left the museum with some questions in my head…

"Couldn't this hunger and creativity have been recognized and encouraged?"

Cityscape

Sounds & Smells

#62

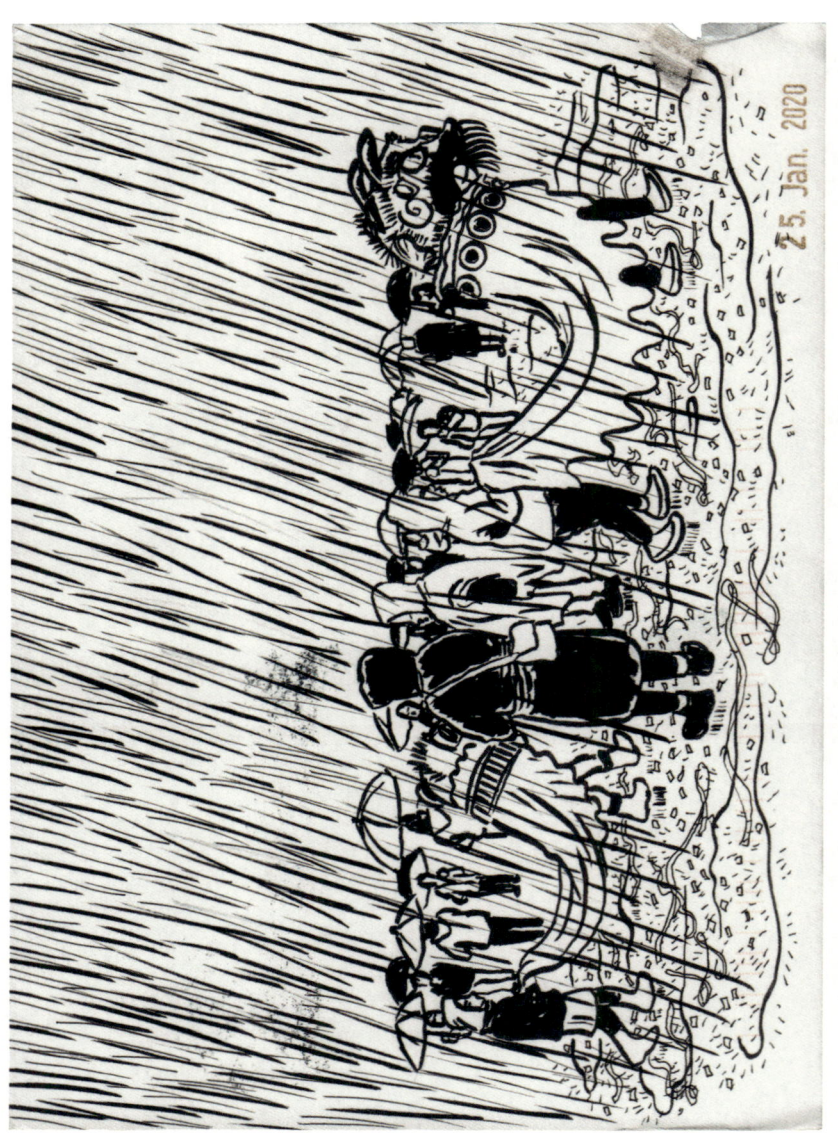

Man kann weder mir noch den Chinesen etwas vorwerfen. Wir haben uns wirklich angestrengt und das ~~Beste gegeben~~ an diesem chinesischen Neujahrstag in Chinatown. ~~Aber der~~ Regen halt auch. Doch fangen wir von ~~An~~ Vorne an. Es war heute morgen in meinem Zimmer richtig kalt. So kalt, dass ich mir sagte, dass es Zeit wird raus zu gehen. Trotz Regen. Endlich ins Bronx Museum! Doch dann erreicht mich eine E-Mail von Julian. Er ist der Hammer! Versorgt mich immer wieder mit Tipps. Heute ist die Neujahrsfeier in Chinatown. Das Jahr der Ratte! Ich konnte gar nicht anders, als meinen Plan über Bord zu werfen (dazu sind Pläne doch da, oder?) und dem Ruf nach Chinatown zu folgen. Das Faszinierende an Regen ist, dass er gar nicht so nass wirkt, solange man drinnen ist. Ich habe das komplett unterschätzt. Es goss wie aus Kübeln! Und ich hatte keinen Schirm (nur Hie und da einen im Gesicht). Sehr schade! Die Stimmung war nämlich schon so sehr gut. Eine Art Fasnachtsumzug. Vor allem Kinder trugen drachenartige Gestalten durch die Grassen, begleitet von Karren, die jeweils von jungen Männern vor sich hin geschoben wurden. Im Karren eine chinesische Guggenmusik, sprich laute Trommeln. ~~Es~~ Dazu überall diese Böller, die eine Art Spiegel- ~~kopf~~ ~~...~~ Es macht Spass ~~...~~ aber dann in die trockene U-Bahn flüchten, wo ich nur so vor mich hin tropfte.

meine Post-
karten
blieben zum Glück
unversehrt...

meine Schuhe aus Harlem sind
tatsächlich 100% wasserdicht

Heute Morgen habe ich einen kitschigen Sonnenaufgang über der kahlen Bäumen des Highbridge Parks genossen. Ist schon interessant, wie sich manche Vorstellungen so ganz und gar nicht mit der Realität überschneidet. Die Sicht aus meinem Fenster gleicht eher einem Landsitz als einer Grossstadt. Die Geräuschkulisse hingegen spricht eine deutlich andere Sprache. Whoop! Whoop! Whoop! Naja, um ehrlich zu sein, wenn ich meinen Kopf aus dem Fenster strecke und Richtung Süden schaue, entspricht das schon eher meinen anfänglichen Vorstellungen. Die Skyline mit den Supertürmen am Centralpark ist klar zu erkennen. Allerdings gute 9 km entfernt – auch hier ist die Miete noch weit höher als in Bern, der Standart allerdings weit darunter. Eine Loft in Manhattan? Wahrscheinlich unbezahlbar!

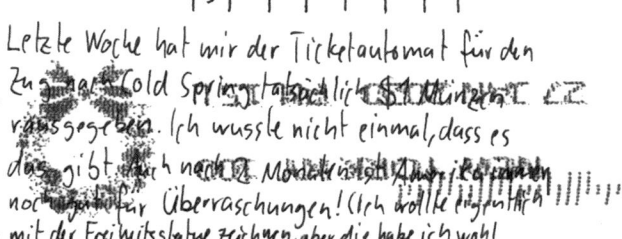

Letzte Woche hat mir der Ticketautomat für den Zug nach Cold Spring tatsächlich $1 Münzen rausgegeben. Ich wusste nicht einmal, dass es das gibt! Auch nach 2 Monaten ist Amerika noch gut für Überraschungen! (Ich wollte eigentlich die Münze mit der Freiheitsstatue zeichnen, aber die habe ich wohl schon ausgegeben)

#64

153

Ich hatte eigentlich andere Pläne. Nach meiner Skypesitzung wollte ich so schnell wie möglich in die Bibliothek. Dann entschied ~~ich mich~~ in der Bronx Mittag zu essen, stieg in die falsche U-Bahn, fuhr dann nach Chinatown um neue Bleistifte zu kaufen (da gibt ~~es einen Laden~~, der verkauft nur Bleistifte), landete dort in der Bibliothek und machte mich nach etwa 20 min auf nach Chelsea um Celeste zu treffen, die ich vor einigen Wochen kennengelernt habe an dieser Geburtstagsparty.

Es war ein sehr lustiger Nachmittag. Celeste hat in 2 Wochen eine Mode-schau (sie ist Textildesignerin) und da ich mit Mode überhaupt nichts anfangen kann, würde ich mir das gerne ansehen. Es gibt aller-dings ein Problem: Ich habe keine ordentliche Kleidung. Also gingen wir spontan auf Einkaufsbummel. Celeste kennt sich aus, wo man zu guten und preiswerten Kleidern kommt. Mit ihr zusammen schrumpfte das grosse New York zu einem kleinen Dorf. Celeste scheint hier in Chelsea, in der Mode und Kunstwelt, einfach jeden zu kennen. "Hi my sweetheart!", "I love you darling!" Überhaupt liebt sie alles und jeden. ~~Bla~~ Wie ein Schmetterling schwebte sie durch die Regale, zupfte einzelne Kleidungsstücke hervor ("I love that!"), kleidete mich in Windeseile um und fand es extrem lustig, dass ich keine Ahnung habe, welche Jeansgrösse mir passt ("I love that!"). Die erste war definitiv zu eng, was für allgemeine Erheiterun~~g sorgte~~ ... $25 bin ich nun für die ~~Modeschau gewappnet~~. ... ihr die Gondelbahn. Sie war noch nie dort - seit 1... Ich weiss schon, was sie dazu sagen wird: "... love ...

sich geht. (Ihnen Schwimmern weiss ich zwar bis hns Bescheid New York ist die Welt...

2 0. Jan. 2020

Das Motiv dieser Karte zeigt einen von vielen Besuchern der New York Public Library (NYPL). Dieses Exemplar habe ich den Washington Heights entdeckt. Die öffentlichen Bibliotheken scheinen hier in New York eine andere Funktion zu haben als wir das bei uns kennen. Sicher, es gibt Bücher und DVDs, soweit ich das aber beurteilen kann, ist das Angebot allerdings eher dürftig. Der soziale Aspekt, scheint mir hier viel wichtiger zu sein. Vor allem in den "Hassenquartieren" (dh alle ausser der Hauptsitz am Bryant Park, den ich übrigens liebe) scheint es eine Art Auffangbecken zu sein. Manche kommen hierher um in der Wärme zu sitzen, vielleicht Zeitung zu lesen oder zu surfen (wahlweise am ausgeliehenen Laptop oder Kompisation, wobei man sich mit seinem privaten Smartphone gratis einloggen kann wie es die Abbildung zeigt). Manche Zeichnen. Manche lösen Kreuzwort-rätzel. Manche schlafen. Die Bibliotheken bieten Workshops und Spiel-nachmittage für Kinder an. Natürlich alles kostenlos. Es gibt eine Lese-ecke für Jugendliche ((Comics...)) wo Erwachsene keinen Zutritt haben. Der Mundschutz des Mannes ist der beste Grund, weshalb ich aus-gerechnet ihn zeichnete. Im Moment sehe ich viele Menschen, die so einen Mundschutz tragen. Ich weiss nicht ob das hier normal ist, oder ob es mit dieser Epidemie zusammenhängt, von der ich kürzlich im Internet gelesen habe. Es ist irgendwie schön, nicht zu wissen, was in der Welt so vor...

#66

Wenn mich New York wirklich etwas lehrt, dann ist es "going with the flow". Ich hatte heute komplett andere Pläne, ging dann aber morgens (oder besser vormittags) ganz unverhofft mit Celeste ins Starbuck. Es war wiederum sehr amüsant und es fühlte sich an, als kennen wir uns schon ewig. Es endete damit, dass ich meine Kleider für die Modeschau dann frisch gebügelt und professionell verpackt (Celeste lebt diesen Fashiontraum) durch New York transportierte. Dazwischen arbeitete ich in der Bryant Library und fuhr viel U-Bahn. Heute waren irgendwie alle unterwegs. Die U-Bahn in der Regel voll, was das Zeichnen erschwert oder gar verunmöglicht. Aber es war interessant Teil dieses anonymen Treibens zu sein. Mittendrin statt nur dabei. Schon fast verzweifelt einen Griff suchend, um beim nächsten Ruck des Zuges nicht in die nächste Person zu stossen, der man ohnehin gefühlt schon viel zu nahe steht. Ich dachte lange, dass die Stange, wo man sich halten kann, sehr punktuell geheizt wird, dort wo man sich festhält. Es ist schwer sich vorzustellen, dass diese warmen Stellen von anderen Händen, die sich vorher dort festklammerten, aufgewärmt wurden. Aber es ist so. Das macht das ganze irgendwie intim, auf eine berührende und seltsame Weise.

Das hätte ich mir auch nie träumen lassen, dass ich mal im New Yorker Rush Hour mit frisch gebügelten Kleidern für den Besuch einer Modeschau stehen werde....

Q 96 Street

Ich glaube, so langsam bin ich in New York angekommen...

"If New York has taught me anything, it's to go with the flow."

If New York has taught me anything, it's to go with the flow. I had completely different plans today, but then unexpectedly went to Starbuck's with Celeste in the morning (or rather, before lunch). Again, it was a lot of fun and it felt like we've known each other forever. It ended with me carrying my clothes for the fashion show around New York, freshly pressed and professionally packed (Celeste is living this fashion dream). In between, I worked at the Bryant Library and rode the subway a lot. Somehow everyone was out and about today. The subway was packed, which made drawing difficult, if not impossible. But it was interesting to be part of this anonymous hustle and bustle. In the middle of it all instead of just being there. Almost desperately looking for a handhold so as not to bump into the next person—who already seems to be standing much too close—when the train jolts. For a long time, I thought that the handrails were heated very selectively in the spots where you grab them. It's hard to imagine that those warm spots come from other hands that have been there before. But they are. It makes the whole thing somehow intimate, in a touching and strange way.

– I would never have dreamed that I would be standing in New York rush hour with freshly ironed clothes for a visit to a fashion show...
– I think I've slowly arrived in New York...

#67

Chance encounter → #90 |
Going with the flow → #66

"Going with the flow" war auch heute wieder angesagt. Ich muss vielleicht dazu sagen, dass ich im Moment in einer sehr wichtigen Phase für einen grossen Auftrag aus der Schweiz tätig bin. Vorgestern war ich sehr produktiv (Bryant Park Library Style) und auch heute morgen Zuhause mit dem Leuchtpult war sehr gut. Nachmittags wollte ich dann wieder in die Bryant Library und vorher noch kurz in einen Blick-Laden – der Art Supplier meines Vertrauens – um mich für den Nachmittag zu wappnen. Aber es kam anders. Plötzlich stand Joe vor mir, den ich vor gut einem Monat kennengelernt habe. Seine Schicht war fast vorbei, also entschied ich mich, alle Pläne über Bord zu werfen und statt-dessen mit Joe die Stadt etwas zu erkunden. Es war ok, aber jetzt auch nicht super spannend. Ich musste an Geno, den Friseur denken: Wähle sorgfältig die Leute aus, mit denen du deine Zeit verbringen willst. Ich glaube gerade hier in New York kann man sich vielleicht nicht mehr unbedingt auf den Zufall verlassen. So habe ich in den letzten Tagen angefangen, über Instagram gezielt Leute zu suchen. Vielleicht treffe ich mich nächste Woche mit einer super talentierten Schrift-designerin. Vielleicht aber auch nicht. Weil was ich in New York auch gelernt habe: Die Leute hier sind sehr unzuverlässig. Man sollte seine Erwartungen sehr tief halten, fast ein bisschen uninteressiert sein, voll auf sich selbst konzentriert sein. Dann funktioniert es recht gut. "You go with the flow..."

Heute ist nichts aufregendes passiert. Ich bin relativ früh aufgestanden und habe von meinem Fenster aus einen kitschigen
Sonnenaufgang erlebt. Danach ging ich direkt bis die Butler Library
(ich habe mir inzwischen einen Gastausweis an der Columbia University
ergaunert), wo man mich nicht rein liess, weil es noch nicht ganz 9 Uhr
war. Das gab mir allerdings Zeit, neue Briefmarken zu kaufen. Die Poststelle nahm es interessanterweise weniger genau und bedienten die
Kunden bereits vor offizieller Ladenöffnung. Die Verkäuferin war sehr
nett: "Have a great weekend! Be save!" Ich mag das! Traurig war allerdings, dass ich nun die letzte Ladung Briefmarken gekauft habe. Ich breche
sie jeweils aus dem Bogen, um Platz zu sparen. Jede Briefmarke entspricht einem
Tag. Sind sie aufgebraucht, ist auch mein Visa durch und ich muss nach Hause.
War etwas speziell, dass in dieser Form visualisiert zu bekommen.
Danach ging ich schuften. Sitze immer noch da, es ist jetzt 19:19 Uhr.
Zur Karte: Öffentliche Toiletten finde ich immer irgendwie ein bisschen
spannend. Mir ist aufgefallen, dass die Abtrennungen zwischen den Pissoirs
in New York extrem hoch und auch tief sind. Vor neugierigen Blicken ist
man hier also garantiert geschützt. Das scheint hier irgendwie wichtig
zu sein. Wenn ich mich recht entsinne, wird in der Schweiz bei Neubauten
auf einen Sichtschutz verzichtet. Oder er ist massiv kleiner, reicht vielleicht auf
Brusthöhe. Interessant, dass der Sichtschutz fürs Klogeschäft ver-
gleichsweise wieder eher bescheiden ausfallen. Da fühle ich mich mehr "exponiert" und die

#69

Heute wanderte ich ein bisschen durch die Bronx, die Geburts-
stätte des HipHops. Beim Yankeestadion stieg ich aus und holte
mir im nächstbesten Deli ein Sandwich mit einer kleinen Portion
Pommes. Ich komme immer mehr auf den Geschmack der Delis, die
machen solide Sandwiches zum kleinen Preis, die einfach Spass
machen. Danach flanierte ich zur ikonischen Treppe aus dem Joker-
film von letztem Jahr. Zwei Sachen muss ich dazu sagen. Ich
höre im Moment gerne die Musik aus dem Film und ich glaube
erst jetzt so langsam, wo ich verstehe, was es heisst, in einer Grossstadt zu leben, beginne ich langsam auch den Film wirklich zu verstehen. Ich las im Internet, wo sich die Treppe in der Bronx genau
befindet und dass man sich bewusst sein muss, dass es mitten in
einem sozialen Brennpunkt steckt, die Anwohner teilweise gar nicht
Freude an diesem neuen Touristenattraktion haben. Da der Film aber auch
nicht mehr der allerletzte Schrei ist, nahm ich diesen Hinweis gelassen. Als
ich hinging, konnte ich schon von weitem erahnen, wo genau diese Treppe
sich befindet. (Es gibt dort dutzende solcher Treppen). Eine Handvoll Touristen
haben sich an diesem bewölkten Samstag auch auf den Weg gemacht und
standen am Fuss der Treppe, um sich gegenseitig zu fotografieren. Als ich
sie dort erreichte, konnte ich mir einen Eindruck der gesamten Situation
verschaffen. Tatsächlich waren es viele Touristen. Sehr viele. Mit Smartphone,
Spiegelreflexkamera, Videokamera und Stativ bewaffnet. Einige waren als
Clown verkleidet. Die Stufen mit Glimmer gepudert. Dazwischen mussten Anwohner,
sich genervt durch den Trubel ihren Weg suchen. Das hätten sie sich vor weniger als einem
Jahr wahrscheinlich nicht malerträumen lassen. Zweispältige Bekanntheit.

Today I took a walk through the Bronx, the birthplace of hip hop. I got off at Yankee Stadium and got a sandwich and a small order of fries at a deli. I'm getting more and more fond of delis, they make pleasant, solid sandwiches for a small price. Afterwards, I strolled over to the iconic stairs from last year's Joker movie. I have two things to say about it: I love listening to the music from the movie right now, and I think it is only now, as I begin to understand what it's like to live in a big city, that I am beginning to understand the movie. I checked the exact location of the stairs on the Internet. I also read that you have to be aware that it's in the middle of a social hotspot and that some of the residents don't like this new tourist attraction at all. But since the movie is no longer the latest craze, I took the advice with a grain of salt. However, as I walked there, I could already guess from a distance exactly where the stair street was located (there are dozens of similar stair streets there). A handful of tourists also found their way there on this cloudy Saturday and stood at the foot of the stairs taking pictures of each other. When I reached them, I got an impression of the whole situation. There were indeed many tourists. A lot of them. Armed with smartphones, SLR cameras, video cameras, and tripods. Some were dressed as clowns. The steps powdered with glitter. In between, annoyed locals trying to find a way through the hustle and bustle. They probably wouldn't have dreamed of this less than a year ago. Ambivalent popularity.

"There were indeed many tourists. A lot of them."

Gestern war:

LIV
SUPER BOWL

Und ich mitten drin, in der Harlem Tavern, wie ich
es mir vor einigen Wochen schon vorgenommen habe. Die Sportbar war pumpen-
voll. An den Wänden hingen überall Bildschirme und sogar Leinwände. Laut
und fröhlich ging es zu. Nicht wenige zeigten ihre Mannschaft als Statement
auf ihren Caps, Jacken, Pullover. Es war relativ ausgeglichen und Anhänger
der 49ers und der Chiefs kamen gut aneinander vorbei, auch wenn sie
natürlich ganz unterschiedlich auf die Spielzüge auf dem Footballfeld
reagierten. Einig waren sich allerdings alle, als eine Werbung vom
Präsidenten Donald Trump geschaltet wurde. Kommenden Herbst sind
Wahlen und Trump versuchte, am Superbowl die Blackcommunity an-
zusprechen, indem er eine vor Glück weinende Schwarze Frau zeigte, die
in die Kamera sagt, dass Donald Trump sie begnadigt habe und ihr eine
zweite Chance gebe. Die Antwort in der Taverne liess nicht lange auf
sich warten. Laute Booh-Rufe aus allen Ecken. In diesem Punkt war man
sich hier einig.

Dann kam die legendäre Halbzeitshow.
Jennifer Lopez und Shakira. Im Jahr 2020!
Wer hätte das gedacht?! Die Leute drehten
komplett durch. Bei jedem sexy Move schrien
sie vor lauter Begeisterung laut auf und waren
aus dem Häuschen. Sie tanzte zur Show in
der Taverne, mehr als in der Disco. Das war sehr
beeindruckend. Ich stellte fest: Ich mag Football.

You know my hips don't lie! And I start to feel it's right!

Aber Football schaut man vorzugsweise in den Staaten. Z.B. in der Harlem Tavern.

"Yesterday was LIV Super Bowl. And I was right in the middle of it, at the Harlem Tavern."

Yesterday was:
LIV SUPER BOWL

And I was right in the middle of it, at the Harlem Tavern, as I had planned a few weeks ago. The sports bar was packed. There were TVs and even projector screens all over the walls. It was loud and happy. Quite a few people were displaying which team they supported with logos and colors on their caps, jackets, and sweaters. It was a relatively even crowd, and the 49ers and Chiefs fans got along well, even if they reacted very differently to the action on the field. However, everyone was united when a commercial for President Donald Trump came on. The election is next fall, and Trump tried to appeal to the Black community at the Super Bowl by showing an African American woman crying with happiness and telling the camera that Donald Trump had pardoned her and given her a second chance. The reaction in the tavern was immediate. Loud boos from all corners. There was unanimous agreement on this issue.

Then, the legendary halftime show came on. Jennifer Lopez and Shakira. In the year 2020! Who would have thought it! The crowd went crazy. With every sexy move, they screamed with excitement and went wild. They danced to the show in the tavern, more than in the disco. It was very impressive. I realized: I like football.

But ideally, you should watch football in the States. At the Harlem Tavern, for example.

– "You know my hips don't lie! And I start to feel it's right!"

Gestern zeigte sich New York wieder von seiner schönsten Seite.
Der Wind hat gedreht, es war angenehm warm, bei etwa 13°C.
Die wärmende Sonne tunkt die ganze Szenerie in eine komplett
andere Anmutung. Gestern waren massiv mehr Leute unterwegs
bzw auf der Strasse anzutreffen. Nicht wenige machten es sich
schlicht an der Sonne gemütlich, einige setzten sich sogar auf einen
Stuhl, den sie wahrscheinlich kurz entschlossen von Zuhause mitnahmen.
Durch das helle, warme Licht verändern sich auch die Farben der
Häuser. Es ist geradezu spekulär, bereits vertraute Häuser in
– im warsten Sinne des Wortes – neuem Licht zu begegnen.
Grund genug für uns, etwas früher als gewohnt Feierabend zu machen,
um bei Sonnenschein durch den Central Park zu laufen, Richtung Süden.
Wir waren bei weitem nicht die einzigen, die im Central Park die
Sonne suchten. Je weiter im Süden, desto mehr Leute gibt es. Dabei
ist der südliche Teil des Parks meist im Schatten. Und je höher die
Häuser, die zur Zeit südlich des Central Parks gebaut werden, desto
mehr Schatten fällt in den Centralpark. Was Folgen für die Vege-
tation haben könnte. Und natürlich auch den Besuch trübt. Ich bin
gespannt, wie sich diese Thematik weiterentwickeln wird. Das einzige,
was ich weiss, ist, dass es bereits Strömungen gibt, die solch hohen Häuser
verbieten wollen, um einen überdimensionalen Schattenwurf zu vermeiden, der
der Lebensqualität durchaus schaden könnte.

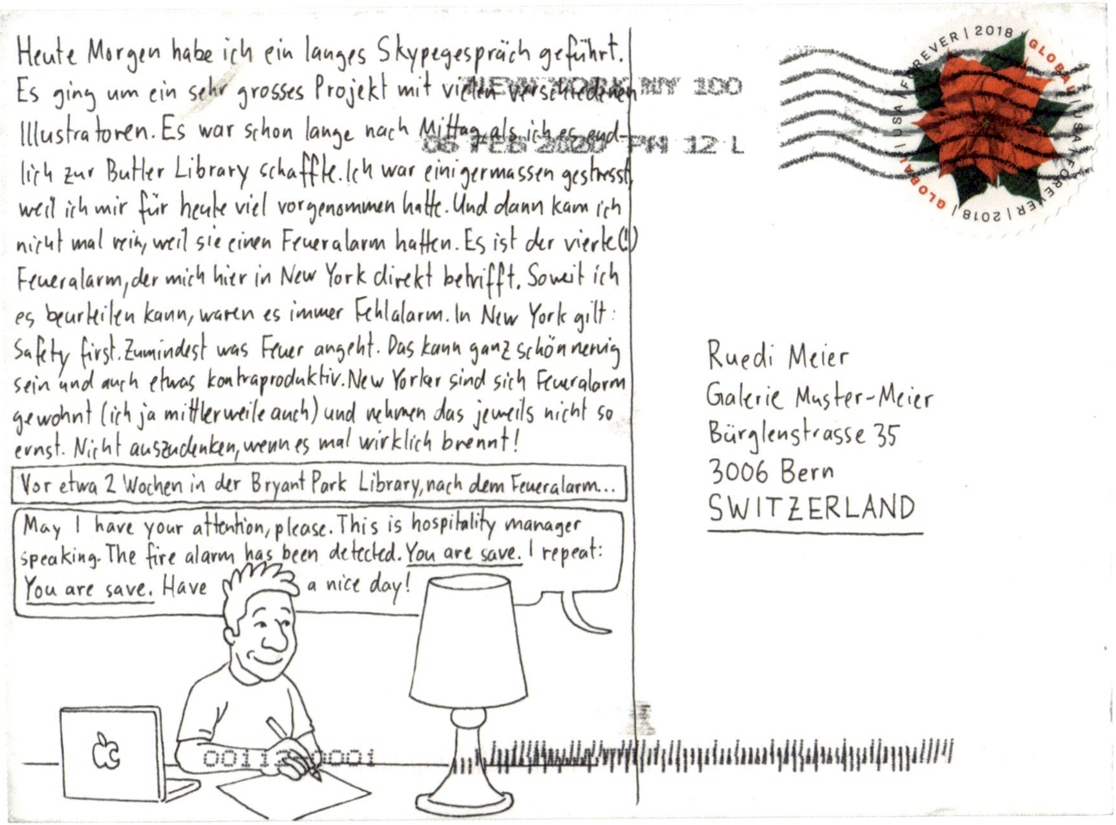

Heute Morgen habe ich ein langes Skypegespräch geführt. Es ging um ein sehr grosses Projekt mit vielen verschiedenen Illustratoren. Es war schon lange nach Mittag als ich es endlich zur Butler Library schaffte. Ich war einigermassen gestresst, weil ich mir für heute viel vorgenommen hatte. Und dann kam ich nicht mal rein, weil sie einen Feueralarm hatten. Es ist der vierte(!) Feueralarm, der mich hier in New York direkt betrifft. Soweit ich es beurteilen kann, waren es immer Fehlalarm. In New York gilt: Safety first. Zumindest was Feuer angeht. Das kann ganz schön nervig sein und auch etwas kontraproduktiv. New Yorker sind sich Feueralarm gewohnt (ich ja mittlerweile auch) und nehmen das jeweils nicht so ernst. Nicht auszudenken, wenn es mal wirklich brennt!

Vor etwa 2 Wochen in der Bryant Park Library, nach dem Feueralarm…

May I have your attention, please. This is hospitality manager speaking. The fire alarm has been detected. You are save. I repeat: You are save. Have a nice day!

NEW YORK NY 100
06 FEB 2020 PM 12 L

USA | FOREVER | 2018 | GLOBAL

Ruedi Meier
Galerie Muster-Meier
Bürglenstrasse 35
3006 Bern
SWITZERLAND

00113-0001

Im Moment ist es gerade wieder etwas schwierig. Ich habe sehr
viel zu tun! Und dabei würde ich doch lieber einfach die Stadt
geniessen und entdecken. Das perfide ist nämlich: Es wird nicht
langweilig, selbst wenn man es schon kennt.
Die heutige Karte wollte ich schon lange zeichnen. Die U-Bahn Zeichnungen
bekommen für mich immer mehr an Bedeutung, je mehr Feedback
ich von Leuten bekomme. Es ist ein sensibles (wenn auch etwas
oberflächiges) Portrait von New York. Auf dieser Karte habe ich
Personen abgebildet, die irgendwie lustige Kopfbedeckungen tragen.
Zum Bild oben: Ich ging mit Beni essen in eine Market Hall (Ramen).
Danach schlenderten wir durch die Stadt. Plötzlich bemerkte ich
mein fehlendes Gewicht am Rücken. Ich liess den Rucksack in der
Markthalle liegen. Schock! Darin befindet sich mein neuer Computer!
Viel wichtiger aber: Fast alle Zeichnungen meines Auftrages der letzten
2 Monaten. Keine Scans! So schnell bin ich noch nie gerannt! Die
Erleichterung war riesig, als ich den Rucksack wieder hatte! Morgen
gehe ich an die 125th Street Library zum Scannen!

Gestern nahm ich mir vor, heute einmal von meiner verzwickten Situation zu erzählen. Dabei fühle ich mich heute gar nicht mehr so. Trotzdem, es ist ein wiederkehrendes Gefühl und je näher meine Heimkehr rückt, desto mehr wird das jetzt wahrscheinlich Thema werden. Ich bin etwas überfordert. Ich habe so viel zu tun, zu machen, zu entdecken. Und arbeiten muss ich daneben ja auch noch. Ich habe eine Verantwortung. Es ist manchmal ein richtiger Kampf in mir drinnen, mich diszipliniert in der Bibliothek zu setzen und zu arbeiten. Wohl wissend, was ich genau in diesem Moment, im echten New Yorker leben alles verpasse. Ich fühle mich dann sehr gestresst. Und schuldig. Schuldig, New York nicht diese Aufmerksamkeit zu geben, die es eigentlich verdient hätte. Schuldig gegenüber mir selbst, weil ich nicht immer die Stadt so geniesse, wie ich es mir eigentlich wünschte. Andererseits stimmt es noch immer: Niergends macht das Arbeiten so viel Spass, wie in New York. Ich bin in einem New Yorker Arbeitsalltag angekommen. Arbeite hier als Illustrator. Oder Künstler? Manchmal bin ich mir nicht sicher. Auf jeden Fall war ich gestern gestresst. Heute ist es wieder gut. In Bern schreiben sie gerade New Yorker Stipendien aus. Ist vielleicht kein Zufall, dass ich das gerade heute gesehen habe. Wahrscheinlich brauche ich wirklich noch etwas mehr Zeit in New York.

New York meint es gut mit mir. Daran habe ich nie gezweifelt.
Dass ich aber das Glück habe, bei meinem dritten Versuch an der
Broadway Lottery stark reduzierte Tickets zu ergattern (sie ver-
scherbeln jeweils so um die 40 Tickets auf diesem Weg), war dann
selbst für mich als bekennender Optimist ("I feel lucky!" habe ich
immer gesagt!), war dann selbst für mich etwas überraschend.
Ich habe das Musical schon mal gesehen. In Basel, vor einigen Jahren. Nun
gestern also am Broadway. Was soll ich sagen? Es hat bestimmt auch
mit Nostalgie zu tun, Lion King war und ist eine Geschichte, ein Gefühl, das mich immer begleitet. Aber es ist viel mehr als das. Diese
Tiere, diese Stimmen, diese Bewegungen. Für mich war das gestern
ein Meisterwerk, ein Kunstwerk in Perfektion. Eine Vollkommenheit,
die ich nie ganz verstehen, geschweige denn erreichen werde. Lustigerweise hatte ich Lust, selbst Teil dieses Spektakels zu sein, Teil dieser
Gruppe, dieser Magier. Obwohl ich wahrscheinlich für sämtliche Bereiche
völlig ungeeignet wäre. Ich habe mir auch Gedanken über die Schauspieler
gemacht. Was ist das für ein Leben? Die spielen an 6 Tagen die Woche, manchmal sogar zweimal täglich. Jede Rolle ist mindestens doppelt besetzt. Gestern
hatte Walter Russel III sein Debut, der etwa 10 jährige Junge aus Harlem spielte
die Rolle vom jungen Simba. Ich finde es ja grundsätzlich gut, wenn Kinder
gefördert werden. Aber stehlen wir diesem Jungen nicht auch seine Kindheit,
wenn wir ihn in diese Position stellen. Diese Frage wird mich wohl noch etwas
beschäftigen. Ich kann ihn ja fragen. Auf Instagram. Meine Freude am Musical ist
indess immer noch immens. Und ja, ich spiele weiterhin die Lottery...

#76

Heute war wieder einmal einer dieser sonnigen Tage. Und mein
Kalender meinte, dass es wieder einmal Zeit ist, nach Chinatown
zu gehen um die grosse Neujahrsparade zu sehen. Ein falscher
Eintrag meinerseits, der sich jedoch als Glücksfall erwies. Denn
was sich heute in Chinatown abspielte, war sensationell! Eigentlich dasselbe,
wie vor ein Wochen, als es so stark regnete. Jetzt aber, konnte ich dieses
traditionelle Fest richtig geniessen. Ich habe nichts recherchiert, und alles, was
ich jetzt schreibe sind nur Beobachtung und Spekulation. Also, da gibt es
die Gruppen, die zusammen in den Strassen unterwegs sind. Sie tragen dieselben
Jacken oder Pullover, manche haben lange (sehr lange) Schlagstöcke dabei
und überhaupt erinnern sie mich an Schlägertruppen. Die Stöcke nutzen sie, um
temporäre Abschrankungen für ihre Einlagen aufzustellen, wie ich später heraus-
fand. Dazu gibt es laute Trommeln und Klangschalen, manche auf kleinen Karren
fixiert, die dann herum geschossen und gezogen werden. Das wichtigste sind
allerdings die Drachen, sie unterschieden sich zwischen den Gruppen eigentlich
nur farblich und werden jeweils von 2 Personen bedient. Zum ohrenbetäubenden
Rhythmus, tänzeln sie durch die Strassen und es ist verrückt, wie organisch
und "echt" diese Drachen dann aussehen. Dann gehen sie von Laden zu Laden,
von Restaurant zu Restaurant, gehen als Drachen hinein und weihen ihn mit
einem Tänzchen. Auch die Juwelierläden werden davon nicht verschont. Für die
Besitzer scheint es aber ohnehin wichtig zu sein, dass die Drachen kommen
(Drachen sind in China Glücksbringer). Nicht wenige geben ein Opfer gaben an
und Orangen, manchmal auch Whisky. Die Drachen fressen alles, werfen durch ihren
Mund den Rest wieder ins Publikum. Es herrscht eine tolle Stimmung, alle sind
glücklich und filmen den Moment für die Ewigkeit. Ein wahres Vergnügen, dabei sein zu können.

#77

Reisen ohne Sonnenaufgänge sind keine Reisen. Also bin ich heute endlich früh genug aufgestanden, um mir dieses kleine tägliche Wunder anzuschauen. War ja auch ganz einfach, ich musste nur über die Strasse, ein paar Schritte durch den Highbridge Park und schon war ich an bester Position. Theoretisch hätte ich den Sonnenaufgang auch an meinem Fenster abschauen können. Habe ich auch schon gemacht, ist aber nicht dasselbe. Später habe ich dann eher zufällig den blutroten Vollmondaufgang hinter der leuchtenden Silhouette von Brooklyn bestaunt. Von der Fähre aus, Wall St nach Rockaway. New York ist fantastisch! An einem Tag kann man so viel erleben! Ich habe Zuhause gearbeitet am Morgen. Dann schlenderte ich durch Harlem, kaufte mir den letzten Pullover einer Kollaboration eines bekannten Sportartikel- herstellers und dem New York City Department of Parks & Recreation – ich musste das einfach haben. Ich fuhr sehr viel U-Bahn, zeichnete Leute, sprach mit Menschen. Besuchte vermutlich das letzte mal Piraña, der sich über meinen Besuch sehr freute und mich nächstes Wochenende eigentlich schon noch mals erwartet. Das Schweinefleisch wird mit jedem Mal besser. Ich ging nach China Town an die glang ersehnte grosse Parade. Kleiner Tipp: Die grosse Parade scheint mir eher für Touristen. Es lohnt sich, an anderen Tagen auf gut Glück zu gehen. Ich war im Financial District, beim Charging Bull. Und beobachtete, wie Touristen Schlange stehen, um sich zu fotografieren, wie sie dessen Hoden tätscheln (wollte das hier eigentlich auch noch zeichnen, aber es fehlt leider an Platz und Zeit). Ich traf Beni und Christine, entdeckte eine komplett neue Welt in New York. Die ultraschnellen Fähren machen Spass! Wir assen alle Geschmäcke in china town. Und danach Cannoli vom Cannoli King in Little Italy. New York macht einfach nur Spass!

"New York is fantastic! You can do so much in one day!"

No trip is complete without a sunrise. So today, I finally got up early enough to see this little daily miracle. It was easy, all I had to do was cross the street, take a few steps through High-bridge Park, and I had the best view. Theoretically, I could have watched the sunrise from my window. I did before, but it's not the same. Later, I happened to see the blood-red full moon rising behind the glowing silhouette of Brooklyn. From the ferry, Wall St. to Rockaway. New York is fantastic! You can do so much in one day! I worked at home in the morning. Then I strolled through Harlem, bought the last sweater from a collaboration between a famous sports-wear company and the New York City Department of Parks & Recreation—I just had to have it. I rode the subway a lot, sketched people, talked to people. I visited Piraña, probably for the last time, who was very happy to see me and is actually expecting me again next weekend. The pork gets better every time. I went to Chinatown for the long-awaited big parade. A little tip: I think the big parade is more for tourists. It's worth trying your luck and going on other days. I was in the Finan-cial District to see the Charging Bull. And watched tourists line up to take pictures of themselves gently patting his testicles (I wanted to draw that too, but unfortunately, I don't have the space, nor the time). I met Beni and Christine and discovered a whole new world in New York. The ultra-fast ferries are fun! We ate dumplings of all kinds at the oldest restaurant in China-town. And then cannoli from the Cannoli King in Little Italy. New York is fun! More than ever!

Urban Life

City Slang

- ATM → #31 | #49
  Automated Teller Machine, cash machine
- Bon voyage breakfast → #88
  it's for free
- Bro! → #1
- Don't walk this way! → #10
- DUMBO Waterfront → #48
  Down Under Manhattan Bridge Overpass
- Enjoy your day! → #2
- Get out of my fucking way!
  → #14
- Going with the flow
  → #66 | #67
- Happy New Year, bro!
  → #38 | #42
- Have a great weekend,
  be save! → #68
  at the post office, very friendly
- I want to wake up in a city that
  doesn't sleep → #31
  Frank Sinatra
- I'll fix it later! → #23
- I'm glad you came, man!
  → #33
- Keep moving! → #10
- Keep running guys! You got it!
  → #19
- Mothafucka → #1
- My sweetheart → #1
- Nice talking to you. Take care!
  → #47
- No way! → #11
- Not my president! → #70
- Stand clear of the closing
  doors, please! → #85
- That's where the hustle is
  → #52
- We like it wild and dirty → #19
- What's up, bro? → #11 | #85
- What the fuck!? → #57
- You are safe! → #72
- You're the man! → #89
- Youknowmsaying? → #11

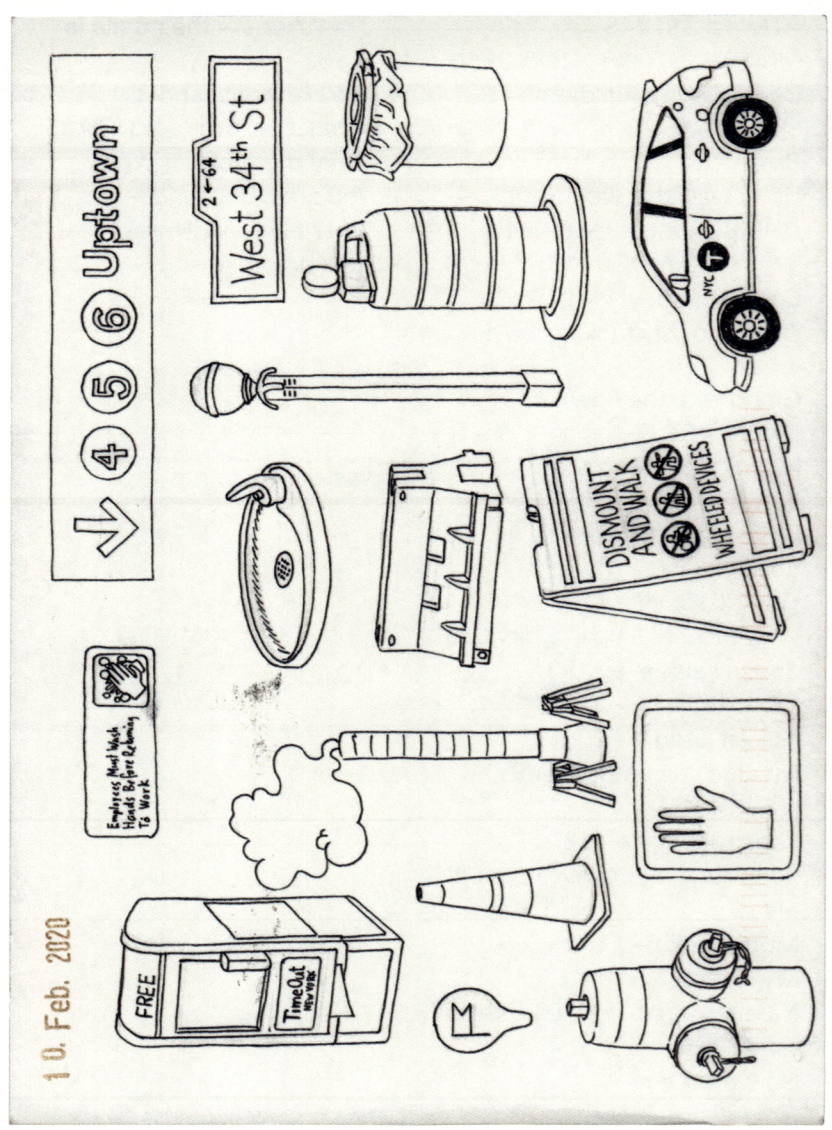

Diese Karte wollte ich eigentlich schon in meiner ersten
Woche machen. Das Leben in
New York erinnert mich noch
immer an ein an Komplexität und
Realismus nie erreichtes Open-World-Videospiel.
Es gibt wiederkehrende Elemente, einige sieht man
auf der Karte, die sich zu einem Ganzen verschmelzen. und man hat das Gefühl, dass die ~~manchmal~~ scheinbar
zufällig zusammengewürfelte Szenerie sich unendlich
ausbreitet und quasi vorneweg entsteht, sobald man
wieder einen neuen Ort betritt. Die Handschrift indessen,
die Elemente, bleiben vertraut und stimmig. Vor ein paar
Tagen hatte ich während einer Stunde kurz etwas Heimweh. Nun fühle ich mich
hier wohler denn je. Ich habe ~~fel~~ richtig Lust, diese Stadt weiterhin zeichnerisch ~~zu kann~~
zu erkunden. Manchmal wenn ich durch die Strassen New Yorks laufe,
fühle ich eine so grosse Dankbar- und Zufriedenheit, dass ich am liebsten
weinen würde. Die Strassen New Yorks fühlen sich für mich wie Wellness
an. Ich mume mich regelrecht in diese Atmosphäre ein, werde Teil von
ihr und lasse mich treiben. Es mag verrückt klingen, aber so fühle ich mich nun mal.

Thank you for the nice talk and the cut! Hope to see you soon!

So good to have you here again, bro!

Let's stay in touch!

And don't forget to send me a postcard.

I will hang it right there on the wall.

heute war ich wieder beim Coiffeur

bekennende christen

AMEN! HALLELUJA!

Hahahähaaa!

bekennender Antichrist

I wanted to draw this card in my first week. Living in New York still reminds me of an open-world video game that has never been reached in complexity or realism. There are recurring elements, some of which can be seen on the card, that merge into a whole, and you have the feeling that the seemingly random scenery expands infinitely and is procedurally created as soon as you enter a new location. Yet the hand-writing, the elements, remain familiar and coherent. A few days ago, I felt a little homesick for an hour. Now I feel more at home than ever. I really want to continue exploring this city through my drawings. Sometimes when I walk the streets of New York, I feel so grateful and content that I want to cry.

The streets of New York feel like a spa to me. I really immerse myself in the atmosphere, become a part of it, and let myself drift. It may sound crazy, but that's how I feel.

- "Thank you for the nice talk and the cut! Hope to see you soon!"
- "So good to have you here again, bro!"
- "Let's stay in touch!"
- "And don't forget to send me a postcard."
- "I will hang it right there on the wall."
- Today, I was at the hairdresser's again

- Professed Christians
- "AMEN! HALLELUJAH!"
- "Hahahahaaa!"
- Professed Anti-Christ

"Living in New York still reminds me of an open-world video game that has never been reached in complexity or realism."

#79

Find a friend → #81 | Taking pictures → #87 |
Social media → #28 | Mama Jo's Breakfast Cart
→ #87

Heute möchte ich endlich von einer meiner Freundinnen in
New York erzählen. Mama Jo ist ein Engel und ~~kann als Sinn~~
bild verstanden werden für die Magie, die ich hier in New York
täglich erlebe. Entdeckt habe ich die gegen 70 Jahre alte und vor
Lebensfreude und -energie sprühende Griechin auf Youtube. Genauer:
In einer kurzen Doku über sie. Als junge Frau nach New York emi-
griert ~~und sie~~ um sich ein neues Leben aufzubauen und dem
amerikanischem Traum zu folgen. Heute hat sie sich mit ihrem Food
Cart in New Yorks Strassen einen Namen
gemacht. Sie verzaubert jeden Morgen
zwischen 4:00 und 11:00 ihre Kundschaft mit Kaffee, herrlichen Frühstück-
sandwichs und anderen Köstlichkeiten für
einen sehr günstigen Preis. Nicht zuletzt ist
es aber ihre unglaubliche Ausstrahlung, die
den Besuch bei ihr so unvergesslich macht
und einem mit einem tollen Gefühl in den
Tag starten lässt. Das Gespräch mit Mama Jo
(ja, ich nenne sie Mama Jo) wirkt immer authentisch und ehrlich und selbst
wenn ich leider nicht so oft da war wie ich wollte, hat sich eine Freundschaft
entwickelt. So wie mit ihrem Gehilfen. Heute habe ich ihnen die Karte gezeigt
~~und erzählt, dass ich bald zurück in die Schweiz müsse. Sie waren begeistert~~
~~von der Karte und bedauern es, dass ich gehe. Sie werden mich vermissen.~~
~~Und sie verstehen nicht, weshalb ich noch kein Künstlervisum habe. Vielleicht~~
~~werde ich das beantragen für Moment bin ich~~ ~~einfach froh, dass~~
~~ich da bin. Mein Frühstück haben sie mir heute offeriert, weil sie so Freude an der~~
Karte haben. Wir verabredeten, dass ich sicher nochmals vorbeikomme bevor ich gehe.

R Mama Jo's rechte Hand

Das ist eben diese Magie, über die ich die ganze Zeit erzähle, wenn ich über New York spreche.

"Mama Jo is an angel and a symbol of the magic I experience here in New York every day."

Today, I finally want to tell you about one of my friends in New York. Mama Jo is an angel and a symbol of the magic I experience here in New York every day. I discovered this Greek woman, who is about 70 years old and bursting with joy and energy, on YouTube. More specifically, in a short documentary about her. As a young woman, she emigrated to New York to build a new life and pursue the American dream. Today, she's made a name for herself on the streets of New York with her food cart. Every morning between 4:00 a.m. and 11:00 a.m., she enchants her customers with coffee, delicious breakfast sandwiches, and other delicacies at a very reasonable price. Last but not least, it is her incredible charisma that makes a visit to her so unforgettable and helps you start the day with a great feeling. Mama Jo (yes, I call her Mama Jo) always comes across as authentic and honest, and even though I wasn't there as often as I would have liked, I developed a friendship with her. With her and her assistant. Today, I showed them the postcard and told them that I have to go back to Switzerland soon. They were delighted with the postcard and regretted that I'm leaving. They will miss me. And they don't understand why I don't have an artist's visa yet. Maybe I will apply for one. But for now, I'm just happy to be here. They gave me free breakfast today because they liked the postcard so much. We agreed that I would come back before I leave. That's the magic I always talk about when I talk about New York.

– Mama Jo's right hand

Einer meiner absoluten Lieblingsorte ist sicherlich die Gondelbahn bei Roosevelt Island. Ich bin sie schon unzählige Male gefahren, rüber nach Roosevelt Island und dann gleich wieder zurück. Die Metrocard, meine treue Begleiterin, macht es möglich. Nicht selten tat ich das spät abends, nach 22 Uhr, wenn ich einfach noch nicht genug von New York hatte. Es hat sich herausgestellt, dass das eine hervorragende Zeit ist. Es hat genug Platz und die Stadt bei Nacht ist ohnehin ein besonderes Erlebnis. Die Gondel schwebt über die 1st und 2nd Avenue und erlaubt einem eine spektakuläre Sicht durch die unendlich scheinende Strassenschlucht (spätestens hier versteht man übrigens die Richtigkeit dieses Begriffes). In die eine Richtung funkeln die grellen, gelben Vorderlichter der unzähligen Autos, die von oben wie Spielzeugautos wirken. In die andere Richtung sieht man nur noch ein Meer roter Rücklichter. Danach folgt die Fahrt - oder besser der Flug - durch die Häuserschluchten, entlang der Queensboro Bridge, Schauplatz des Batmanfilms "The Dark Knight". Die Brücke wurde damals für ganze 2 Tage für die Dreharbeiten gesperrt. Nur fliegen ist schöner!
Mein eigentliches Highlight sind allerdings die Häuser, an denen man entlang gondelt. Oder besser die Fenster davon. Vor allem bei Nacht. Denn da werden die beleuchteten Fenster zu Theaterbühnen und man hat Einblick in fremde Küchen, Wohnzimmer, Schlafzimmer. Ich sah schon eine alte Frau in der Badewanne, ein älteres, sehr übergewichtiges Pärchen im Bett liegend fernseh schauen, einsame Junggesellen an der Playstation, ein Vater, der seinem Kind eine Gute-Nacht-Geschichte vorliest, und ein Typ, der in seinem Wohnzimmer nur in Unterhosen gekleidet irgendwelche Gymnastikübungen absolvierte. Einfach herrlich!

#81

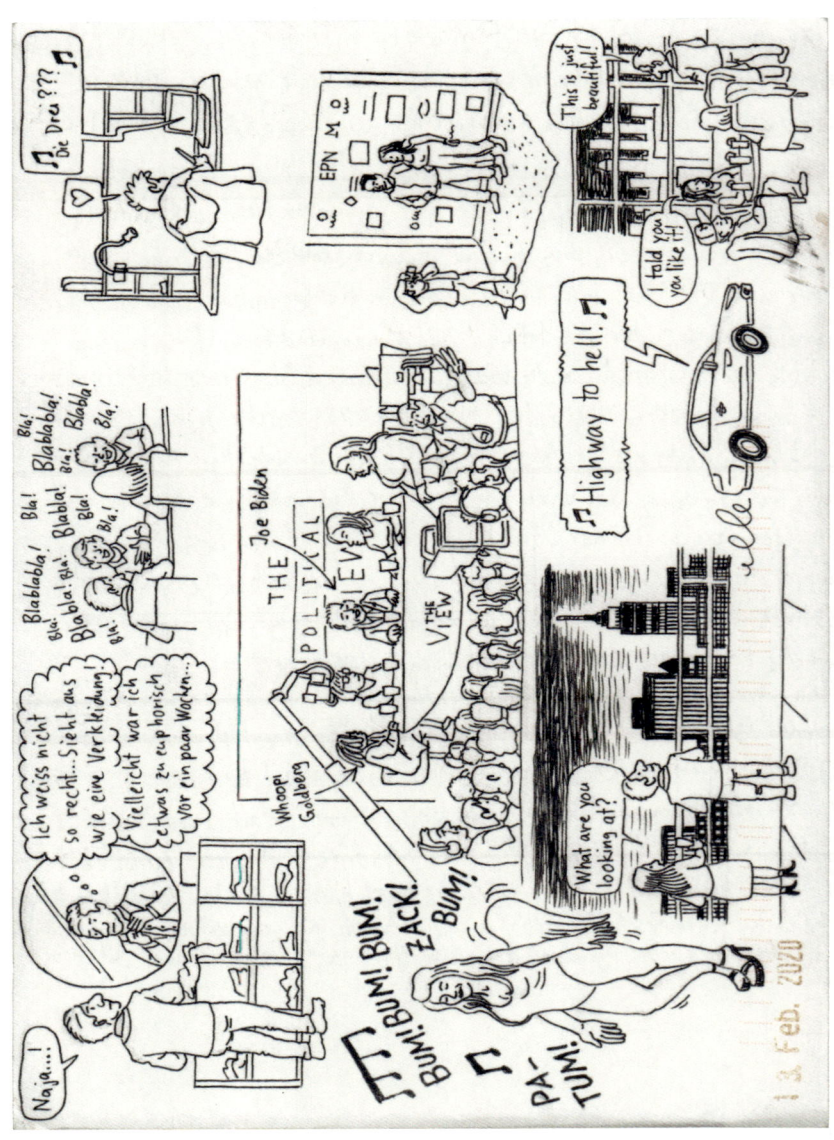

Gestern habe ich so viel erlebt, wie ich normalerweise nicht in einer Woche erlebe (also, in besseren Verhältnissen natürlich).

Um 7:00 war ich bereits in der U-Bahn, um pünktlich im Fernsehstudio von ABC zu sein. Das Prozedere um rein zu kommen war komplett durchorganisiert und gewöhnungsbedürftig. Sogar auf die Toilette konnte man nur in begleiteten Gruppen. Stundenlang mussten wir in einem Starbucks warten. Und dabei lernten wir ein sehr sympatisches schwules Pärchen kennen, die ihren Ruhestand voll geniessen in ihren Wohnungen in New York, Miami, Colorado Springs und Los Angeles. Ich hoffe, ich kann sie mal besuchen. Die Show war irgendwie eindrücklich, wenngleich nicht ganz so spektakulär wie erwartet. Unter anderem war Whoopi Goldberg als Moderatorin auf der Bühne - ein Kindheitsidol. Und Joe Biden war zu Besuch. Ein aalglatter, souveräner Auftritt, wenngleich er auf mich wirkte, als trage er eine Maske. Später kam auch noch seine Frau dazu und sie erzählten vom tragischen Verlust seines ältesten Sohnes und seiner Tochter und er nun nur noch einen Sohn habe und der böse Donald Trump ihm nun auch noch diesen nehmen wolle. Amerikanische Politik funktioniert ganz anders als bei uns!

Abends war dann edelstes Modeschau angesagt. Leider habe ich auf dieser Karte nicht genügend Platz, um alles zu erzählen, was ich da so erlebt habe. Im grossen und ganzen kann ich aber sagen: Die Klischees kommen nicht von ungefähr! Was ich aber auch sagen muss: Es ist schön, in diesem Rahmen gemeinsam einem Spektakel beizuwohnen und Mode als künstlerischen Ausdruck zu verstehen. Ich fühlte mich immer wohler und dann lernte ich plötzlich zwei Frauen und ihre Begleitung kennen. Wir entschieden uns spontan, noch etwas trinken zu gehen. In eine Rooftopbar. Ein Businessman fuhr mich in seinem Cabriolet quer durch Manhattan zum Columbuscircle, wo wir einen tollen Ausblick über den Centralpark hatten. Keine Ahnung, was das kostete. Aber ich habe wieder neue Freunde, die unbedingt wollen, dass ich bald wieder zurück in New York bin. Nun hat sich mir

> Was für ein Tag!

(Randnotiz rechts, vertikal:) nochmals eine komplett neue New Yorker Welt geöffnet! Der Schlüssel dazu: Elegante Kleidung und etwas Geld.

14. Feb. 2020

Heute nehme ich wieder einmal einen Joker und "opfer" eine Seite aus meinem Subway Skizzenbuch. Vielleicht sollte ich das noch bis zum Schluss machen weil die letzte Woche wird intensiv. Ich habe einige Orte noch nicht besucht, die ich eigentlich noch sehen möchte (den Tagesausflug nach Philadelphia habe ich bereits aufgegeben) und noch viel mehr Sachen, die ich normals sehen möchte! Heute zum Beispiel hat sich gerade wieder etwas ergeben, was ich nächste Woche hoffentlich realisieren kann...

15. Feb. 2020

Es wird langsam Zeit, dass ich von einem weiteren Lieblingsort in New York erzähle. Typischerweise erreiche ich ihn zu Fuss über die Brooklynbridge. Die Brooklynbridge hat auf mich eine beeindruckende Ausstrahlung. Stolz, ehrwürdig und auch ein bisschen nostalgisch. Wenn man über dieses Warzeichen New Yorks schlendert, hat man ein bisschen das Gefühl mit der Brücke und New York zu verschmelzen. Noch besser ist allerdings, wenn man dann auf der anderen Seite ankommt, in Brooklyn, und sich die Brücke von dieser Seite aus Richtung Manhattan anschaut. Es ist das Postkartenmotiv schlecht hin. Als Kind habe ich dieses Bild in vielen Küchen und Wohnzimmern gesehen. Damals noch mit den Twin Towers, die, wenn man es sich genau überlegt, in dieser Komposition schon irgendwie fehlen. Aber das ist eine andere Geschichte.

letztes Mal fehlen an beiden Pfeilern jeweils die 2 linken Kugeln...

Für mich ist dieser Ort ein magischer Ort, mit dem ich mich irgendwie verbunden fühle. Schon bei meinem ersten Besuch in New York vor 7 Jahren war das so. Damals, als ich mir überlegte mein Illustrationsstudium hinzuschmeissen und etwas "vernünftiges" aus meinem Leben zu machen. Heute sitze ich da, auf demselben Stein, mein Stein (obwohl es offiziell nicht erlaubt ist sich dort aufzuhalten), verdiene mein Geld mit dem was ich liebe, stehe am Anfang einer vielversprechenden Karriere. Und höre Frank Sinatra. Und auf dem Rückweg mit Blick zur Manhattenbridge Ennio Morricone. Kenner wissen worum es geht. Das Leben ist schön.

#84

Skyscrapers → #16 | Tramway → #80 | Starbucks → #81

Gestern war mein Ritterschlag zum New Yorker. Celeste hat mich im Starbucks (!) offiziell zum New Yorker ~~erklärt~~ "You are a New Yorker and you need to come back!" Und Celeste wiederum verkörpert für mich New York. Vielleicht nicht ~~zuletzt, weil sie ursprünglich~~ aus Jamaica kommt und "erst" vor 12 Jahren nach New York zog. Was an ihr allerdings etwas untypisch für eine New Yorkerin ist, ist ihre grosse Faszination und Liebe für diese Stadt. Es gibt viele New Yorker, denen das leider etwas abhanden gekommen ist. Auf jeden Fall ist es ein Glücksfall, dass ich Celeste kennengelernt habe. Sie hat es mir nicht nur ermöglicht, die Stadt nochmals von einer völlig neuen Seite kennen zu lernen (ich erinnere an ihre Fashionshow letzte Woche), ~~sondern~~ sie wird auch in Zukunft eine Rolle spielen, denn wir haben beschlossen, ein gemeinsames Projekt zu realisieren, Mode und Illustration zu verknüpfen. In Bern, in New York, oder in Paris (sie wohnt auch in Paris).

Und das beste: Sie zeigte mir gestern die Dachterrasse ihres Hauses, wo sie wohnt. Ich glaube es waren fast 40 Stockwerke. Ein überwältigender Anblick aus einer völlig neuen Perspektive! Die Autos auf der 6th Avenue sehen aus wie kleine Spielzeugautos. Alles fühlt sich leicht an. Meine Augen schlängeln sie durch die komplex verschachtelten Gebäudekonstruktionen, versuchen sich möglichst viele Details einzuprägen, staunen und geniessen. Es ist ~~fast wie~~ fühlt sich an, als würde man über allen Dingen stehen und könne die Welt als eine Art Gesamtkunstwerk betrachten. Als wir wieder unten waren fühlte es sich an, als ob man durch eine Lupe schauen würde. Alles war lächerlich gross. Etwas später zeigte ~~ich~~ Celeste die Tramway nach Roosevelt Island. Sie hat sie noch nie gefahren, in 12 Jahren New York. Und sie liebte es natürlich. Geht ja auch gar nicht anders. Der gestrige Tag war wieder typisch für New York. Er sah kompl

[Randnotiz vertikal]: sollte ~~ich~~ es ja anders aus als geplant. Eigentlich wollte und ja arbeiten...

"You're a New Yorker and you have to come back!"

Yesterday I was knighted a New Yorker. At Starbuck's (!), Celeste officially declared me a New Yorker: "You're a New Yorker and you have to come back!" And Celeste embodies New York to me. Perhaps not least because she is originally from Jamaica and moved to New York "only" 12 years ago. However, her great fascination and love for this city is a bit atypical for a New Yorker. Unfortunately, there are many New Yorkers who have lost this love a bit. In any case, I'm very lucky to have met Celeste. Not only has she allowed me to see the city from a completely different perspective (I remember her fashion show last week), but she will also play a role in the future, as we have decided to work together on a joint project combining fashion and illustration. In Bern, in New York, or in Paris (she lives in Paris as well).

And best of all, yesterday she showed me the roof terrace of the building where she lives. I think it was almost 40 stories high. An overwhelming sight from a totally new perspective! The cars on 6th Avenue look like little toy cars. Everything feels light. My eyes meander through the complex structure of interlocking buildings, trying to take in as many details as possible, marveling and enjoying. It feels as if you are standing above it all and can see the world as a kind of all-encompassing work of art. When we came back down, it was like looking through a magnifying glass. Everything was ridiculously big. A little later, I took Celeste for a ride on the trolley to Roosevelt Island. She'd never ridden it in her 12 years in New York. And of course, she loved it. There's no other way. Yesterday was another typical New York day. It was completely different from what I had planned. I wanted to and was supposed to work...

Heute war wieder mal Zügeltag. Ich stand früh auf, um meine Bettwäsche im Waschsalon um die Ecke zu waschen. Eine ganz eigene Welt. Zeichenswert wie so vieles, aber leider fehlt mir einfach die Zeit. Während dem Schleudergang frühstückle ich bei meinem Lieblingsdeli, auch das Bacon, Egg and Cheese on a roll beherrschen sie dort in Perfektion. Das Packen hingegen bereitete mir Sorgen. Obwohl ich einen Rucksack mehr zur Verfügung habe, ist mein Platz sehr knapp. Das kann mir am Samstag noch heiter werden am Flughafen! Danach arbeite ich mit Beni in der Butler Library. und holte Abends gingen wir Joggen im Central Park. Dabei überqueren wir immer ein Gitter an der 123rd Street aus dessen Tiefe immer seltsame Geräusche dringen. Heute nahm ich mir nun endlich Zeit, dem Ursprung dieser Geräusche zeichnerisch auf den Grund zu gehen. Unter dem Boden muss es eine komplett andere Welt geben. Da gäbe es sicher viel zu entdecken.

Das kleine Bild hier links: Jeden Abend, wenn ich nach Hause in die Washington Heights kehrte, hingen dort ein paar Jugendliche im Treppenhaus zum Kiffen. Der Anführer der Clique grüsste immer sehr freundlich und wies die anderen zurecht, falls sie ihm etwas zu langsam Platz machten. Erinnerte mich sehr an meine Zeit im Tscharniergut und am liebsten wäre ich ein bisschen zu ihnen gesessen. Aber als Nichtkiffer, wäre das wohl etwas unangebracht gewesen. Wenigstens wusste ich dann, weshalb das Treppenhaus meistens immer in so absoluten Zustand war.

Today was moving day. I got up early to wash my sheets at the laundromat around the corner. A world of its own. Worth drawing like so many things, but unfortunately, I just don't have the time. During the spin cycle, I had breakfast at my favorite deli, where they also master the bacon, egg, and cheese roll to perfection. Packing, on the other hand, worried me. Even though I have an extra backpack, my space is very limited. I could be in trouble at the airport on Saturday! Afterwards, I worked with Beni in the Butler Library. In the evening we went jogging in Central Park. On our run, we always cross a floor grate at 123rd Street, and there are always strange noises coming from underneath. Today I finally took the time to get to the bottom of these sounds by drawing them. There must be a whole other world underground. There might be a lot to explore down there.

The little picture on the left: Every night when I returned home to Washington Heights, a group of teenagers would hang out in the stairwell smoking pot. The leader of the clique always greeted me in a very friendly manner and reprimanded the others if they were a little slow to make room for me. It reminded me a lot of my time at the Tscharnergut and I would have loved to sit with them for a while. But as a non-stoner that would have been a bit inappropriate. At least then I knew why the staircase was always in such a desolate state in the morning.

- "What up, bro?"
- "Clear the way!"
- "Sorry for that, man!"

"There must be a whole other world underground."

#86

Subway → #88 | Airport → #90

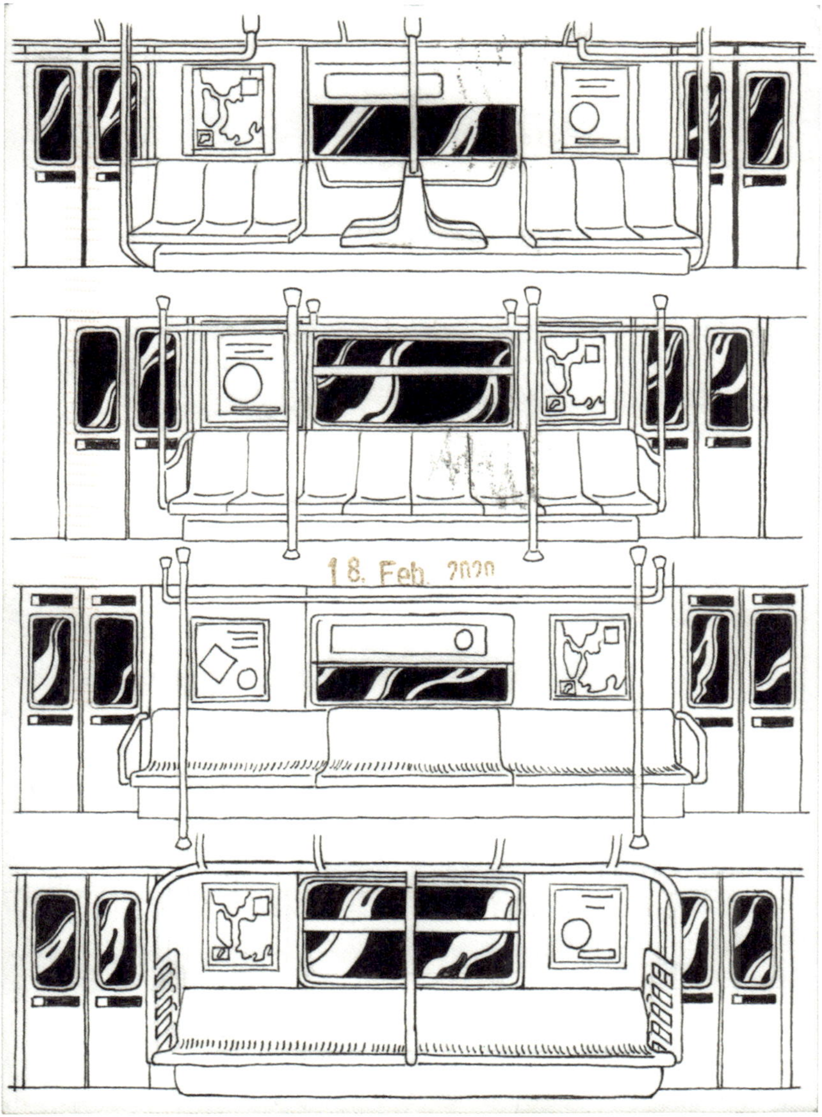

Auch diese Karte habe ich relativ früh meines Aufenthaltes geplant und auskizziert. Ich bin ein grosser Subwayfan. Was mich daran so fasziniert, kann ich nicht einmal genau sagen. Die U-Bahntunnel sind für mich wie die Pulsadern einer Stadt. Man kann einer Stadt nicht näher sein als in der U-Bahn. Alles, was damit zusammenhängt, weckt in mir Interesse. So habe ich mich sehr früh darauf geachtet, was für Modelle überhaupt so unterwegs sind. Ich habe 4 verschiedene Modelltypen gezählt, die sich alle im Grundsatz sehr ähneln (das neue Modell, welches noch dieses Jahr eingeführt wird, sieht komplett anders aus), sich aber bei einer genaueren Untersuchung stark unterscheiden. Ich habe die Karte gestern meinem Gastgeber Peter gezeigt und er war komplett aus dem Häuschen, weil er trotz fehlenden Farben alles sofort wieder erkannte. Ausserdem habe ich die Modelle in chronologischer Reihenfolge abgebildet, was ehrlich gesagt eher Zufall ist. Mein Lieblingsmodell ist das älteste (oberste). Es hat eine spezielle Sitzanordnung, die sehr gewohnheitsbedürftig ist. Die verdrehten Sitze stehen sehr nahe zueinander und es braucht etwas Überwindung, sich hinzusetzen, wenn schon jemand dort ist, weil es sich tatsächlich etwas anfühlt, als würde man sich auf einen fremden Schoss setzen. Ausserdem war es mein erstes Modell, welches mich vom JFK an die 125th brachte. Damals. Vor 3 Monaten. Die A Line wird oft vom neusten Modell gefahren (die A Line ist die längste Subway Strecke), sie fährt am sachtesten und eignet sich deshalb auch am besten zum Zeichnen. Im Grunde genommen zeige ich hier meine mobilen Arbeitsplätze. Und wie ich sie zeichnete, bemerkte ich, wie viele Details ich noch ausgelassen habe. Vielleicht zeichne ich diese Ansichten nochmals in Bern als Poster

"Basically, I'm showing my mobile workstations here."

I planned and designed this card relatively early in my stay. I'm a big fan of subways. I can't even say what fascinates me about them so much. For me, subway tunnels are like the arteries of a city. You can't be closer to a city than in the subway. Everything related to subways is of interest to me. So very early on, I started paying attention to what kind of models were in use. I counted 4 different types of models, all very similar in principle (the new model to be introduced this year looks completely different), but very different on closer inspection. I showed the card to my host Peter yesterday and he was totally amazed because he recognized everything immediately despite the lack of color. I've also drawn the models in chronological order, which to be honest is more of a coincidence. My favorite model is the oldest (top). It has a special seating arrangement that takes some getting used to. The turned seats are very close together and it takes some effort to sit down when someone is already there. It actually feels a bit like sitting on someone else's lap. Besides, it was this model that took me from JFK to 125th. Back then. 3 months ago. The newest model is often found on the A Line (the A Line is the longest subway line). This model runs most smoothly and is therefore best for drawing. Basically, I'm showing my mobile workstations here. And while drawing them, I realized how many details I left out. Maybe I'll draw them again in Bern, as a poster or something...

Eine Karte pro Tag aus New York? Eigentlich viel zu wenig für was alles so zu sehen und erleben ist an einem Tag hier. Deshalb heute Stichwortartig. Es wird Frühling. Sonne und Farben intensiver. Amo Frühstück bei Mama Jo. Schlendern durch bekannte Strassenschluchten, trotzdem mit frischer Begeisterung. Faszination wird nie ausgehen. Viele Fotos. Chrysler Building. Mein Lieblingsgebäude. Vollkommene Ästhetik. Auch drinnen. Aber: Kopf nicht sichtbar, wenn man davor steht. Unerreichbare Schönheit. Vergänglich.

Mittagessen mit altem Businessman am Rockefeller Plaza. Grosse Nummer. Sehr grosse Nummer. Open minded. Sugar Daddy. Flucht. Gestern: Geheimnisvolle Zettelchenfrau getroffen. Manchmal Pech. Manchmal Glück. Das Leben ist ein Spiel.

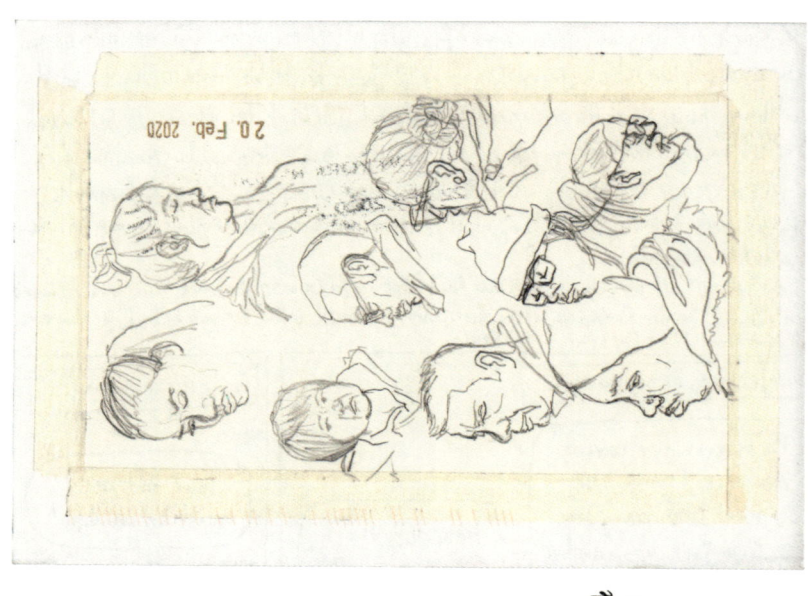

Heute ist wieder einmal New York Postcard Cheating Day. Soll heissen: Ich "opfere" eine Seite aus meinem New York Subway Skizzenbuch. Lustig. Ausgerechnet heute bin ich in der Mitte meines zweiten Skizzenbuchs angekommen. War das nicht schon vor etwa einem Monat so? Ich bin hier sehr produktiv, on fire, niemals müde. Und ich werde belohnt. Nicht durch langweilige Likes, sondern durch ehrliche, ausnahmslos positive Begegnungen in der U-Bahn. Und die Begegnungen häufen sich. Ich glaube, das hat mit meiner Ausstrahlung zu tun. Ich fühle mich von Tag zu Tag wohler, entspannter, mehr Zuhause. Das spürt man, denkt ich. Heute Morgen erwiderte ich den kritischen Blick eines meiner Subwaymodelle. Ich lächelte den jungen, dunkelhäutigen Mann an, was ihm offenbar kurz im irritierte (seit gestern verstehe ich warum), also zeigte ich ihm mit fragendem Blick kurz meine angefangene Seite. Er nickte zustimmend, ich bedankte mich mit Daumen nach oben. Letzte Woche verpasst ich meine (meine!) Station, weil ich mit einer alten Finnin übers Zeichnen ins Gespräch kam. Eine andere alte Frau musste ich kein Ausslagen nur mit einem kleinen Einblick verhöhten. Gestern meinte eine junge Frau beim Aussteigen einfach nur: "I like your drawings." Der junge Mann heute schaute sich sein Abbild dann auch noch kurz an und kommentierte es müde mit "Cool!" Heute morgen in Harlem, ich glaube die jungen Frauen verspotteten auf eine Art zwei Polizisten →

#89

New York Public Library → #8 |
Mama Jo's Breakfast Cart → #79

Der Hauptsitz der New York Public Library am Bryant Park ist ein magischer Ort. Ich habe hier, an den langen Tischen des wundervollen Rose Main Reading Room, unzählige Stunden zeichnend verbracht. Nur selten musste ich mich dazu zwingen und dann auch nur, weil die Strassen New Yorks nach mir riefen. Die Bibliothek befindet sich mitten in Manhattan, an der 42nd, zwischen der 5th und 6th Avenue. Jedes Mal, wenn ich das Gebäude verliess, machte ich ein Foto von der überwältigenden Szenerie, die sich einem bietet. Jedes Mal dachte ich mir: "Wow! Ich bin tatsächlich in New York! Es findet wirklich statt!" Ab Montag werde ich wieder in meinem kleinen Atelierchen in meinem noch fast kleineren Bern zeichnen. Ich werde einiges vermissen!

PS: Und vom Oederhosen am Grand Central, mit dem ich mein Muffin holte.

PS: Eigentlich wollte ich [...] Brooklyn-Manhattan-Bridge Ausflug erzählen

#90

Airport → #86 | Chance encounter → #25 |
Find a friend → #5 | "New York, New York" → #11 |
Pancakes → #13

This is it! Meine 90 Tage New York sind um. Ich sitze am Gate C11 am Flughafen Laguardia. In 9 Minuten ist Boarding. Mein Telefon vibriert fast ununterbrochen, während ich zeichne. Freunde aus New York verabschieden mich, Freunde aus Bern sagen schon mal Hallo. Es ist viel passiert in New York. Sehr viel. Ich sagte immer, dass in New York alles passieren kann. Und ich hatte einige Vorstellungen, aber keinen Plan, kein Ziel, nichts, an dem ich mich hätte halten können. Und was soll ich sagen? New York hat mir Erlebnisse und Begegnungen beschert, die ich mir nicht hätte vorstellen können. Es war gut, ziellos hierhin zu kommen, und mit dem Flow zu gehen. Offen, ehrlich, authentisch und neugierig diese neue Welt zu erkunden. Ich wurde dafür reich beschenkt. I have the time of my life! Es fällt mir aber auch schwer aus meiner neu gewonnen Freiheit und Leichtigkeit zu gehen. Zurück nach Bern, in die Kleinstadt, wo Konsens herrscht. Und dann muss ich aber wieder an meine Freunde und Familie denken. Und an Celeste, die damals sagte: "We are not priviledged. We are blessed!". Blessed, solche Menschen an meiner Seite zu wissen. Darauf freue ich mich. Und New York? Und meine neuen Freunde in New York? Ich werde sie wieder sehen. Ganz bestimmt. Und vielleicht schneller, als ich es mir vorstellen kann. Denn in Bern, so denke ich, kann alles passieren.

PS: Meine letzten 24h in New York boten wieder völlig überraschende Wendungen! Siehe Vorderse

"This is it! My 90 days in New York are over."

This is it! My 90 days in New York are over. I'm sitting at gate C11 at JFK. Boarding is in 9 minutes. My phone vibrates almost constantly as I draw. Friends from New York are saying goodbye, friends from Bern are saying hello. A lot has happened in New York. A lot. I always said that anything could happen in New York. And I had some ideas, but no plan, no goal, nothing to hold on to. And what can I say? New York has given me experiences and encounters that I could never have imagined. It was good to come here aimlessly and go with the flow. To explore this new world openly, honestly, authentically, and with curiosity. I have been richly rewarded. I have the time of my life! But I also find it hard to leave my newfound freedom and ease behind. Back to Bern, to the small town where agreement prevails. And then I have to think of my friends and family. And of Celeste, who said then: "We are not privileged. We are blessed!" Blessed to have people like that by my side. I'm looking forward to it. And New York? And my new friends in New York? I will see them again. For sure. And maybe sooner than I can imagine. Because in Bern, I guess, anything can happen.

PS: My last 24 hours in New York have been full of surprising twists and turns! See the front page.

Essential Infos

Activities & Services

Money & Safety